现代体育教育与健康促进实施路径探索

韩奇 著

中国书籍出版社

图书在版编目(CIP)数据

现代体育教育与健康促进实施路径探索 / 韩奇著. --北京：中国书籍出版社，2021.6
ISBN 978-7-5068-8530-0

Ⅰ.①现… Ⅱ.①韩… Ⅲ.①体育教学－教育研究②健康教育－教育研究 Ⅳ.①G807.01②R193

中国版本图书馆 CIP 数据核字(2021)第 125165 号

现代体育教育与健康促进实施路径探索

韩 奇 著

丛书策划	谭 鹏 武 斌
责任编辑	牛 超
责任印制	孙马飞 马 芝
封面设计	东方美迪
出版发行	中国书籍出版社
地　　址	北京市丰台区三路居路 97 号(邮编：100073)
电　　话	(010)52257143(总编室)　(010)52257140(发行部)
电子邮箱	eo@chinabp.com.cn
经　　销	全国新华书店
印　　厂	三河市德贤弘印务有限公司
开　　本	710 毫米×1000 毫米　1/16
字　　数	208 千字
印　　张	12.75
版　　次	2022 年 7 月第 1 版
印　　次	2022 年 7 月第 1 次印刷
书　　号	ISBN 978-7-5068-8530-0
定　　价	70.00 元

版权所有　翻印必究

目 录

第一章 当前国民身心健康状况分析 …………………………………… 1
    第一节 我国国民身心健康状况及存在问题 …………………… 1
    第二节 体质健康测定标准 ……………………………………… 9
    第三节 影响国民体质健康的因素分析 ………………………… 17

第二章 体育教育与健康促进的理论指导 …………………………… 23
    第一节 运动生理学理论指导 …………………………………… 23
    第二节 运动心理学理论指导 …………………………………… 30
    第三节 体育保健学理论指导 …………………………………… 40
    第四节 教育学理论指导 ………………………………………… 45

第三章 现代体育教育理念与健康促进保障研究 …………………… 53
    第一节 现代体育教育理念的贯彻与落实 ……………………… 53
    第二节 健康促进的营养保障 …………………………………… 56
    第三节 健康促进的运动康复保障 ……………………………… 60
    第四节 健康促进的医务监督保障 ……………………………… 73

第四章 现代体育教育与健康促进的内容与策略 …………………… 78
    第一节 生理健康促进的内容与策略 …………………………… 78
    第二节 心理健康促进的内容与策略 …………………………… 84
    第三节 社会健康促进的内容与策略 …………………………… 93

第五章 健康促进的路径之学校体育教育 …………………………… 101
    第一节 学校体育概述 …………………………………………… 101
    第二节 当前学校体育教育发展的状况 ………………………… 105

第三节　学校体育教育对学生身心健康发展的促进 …………… 108
　　第四节　重点体育项目促进学生身心健康的方法指导 ……… 118

第六章　健康促进的路径之家庭体育教育 …………………………… 125
　　第一节　家庭体育概述 ……………………………………………… 125
　　第二节　家庭体育开展现状及影响因素分析 …………………… 129
　　第三节　家庭体育对人的各项素质的培养 ……………………… 133
　　第四节　青少年不同阶段家庭体育锻炼指导 …………………… 140

第七章　健康促进的路径之社区体育教育 …………………………… 145
　　第一节　社区体育概述 ……………………………………………… 145
　　第二节　我国社区居民体育健身的现状分析 …………………… 150
　　第三节　社区体育健身机制的构建 ……………………………… 157
　　第四节　社区体育健身路径与方法指导 ………………………… 161

第八章　社会不同群体的健康促进指导 ……………………………… 172
　　第一节　不同年龄群体的健康促进指导 ………………………… 172
　　第二节　不同性别群体的健康促进指导 ………………………… 183
　　第三节　特殊群体的健康促进指导 ……………………………… 188

参考文献 …………………………………………………………………… 195

第一章 当前国民身心健康状况分析

当前,健康已经成为社会性话题,受到全社会的关注与重视。在稳定的社会环境和丰厚的物质条件下,国民健康意识越来越强,对健康的重视程度也越来越高。但是,目前我国国民健康状况,受多重因素的影响,仍然存在着各方面亟需解决的问题。本章对我国国民身心健康状况及存在问题、体质健康测定标准,以及影响国民体质健康的因素进行了分析和阐述,由此,能对当前国民身心健康状况有一个总体的了解和把握,也为后续健康促进的实施奠定良好基础。

第一节 我国国民身心健康状况及存在问题

一、我国国民身体健康状况及存在问题

关于我国国民的身体健康状况,可以从四个方面入手来加以分析。

(1)身体形态方面。目前,国民素质全面发展以及增进健康的问题已成为我国党和政府重点关注的问题之一。调查发现,我国国民身体健康方面最为典型的问题是体重异常。其中,超重处于第一的位置,其次是肥胖、较低体重与营养不良。并且男性肥胖比例要高于女性。

(2)身体机能方面。研究发现,国民在身体机能方面普遍呈现出下滑的趋势。比如,心肺功能方面下滑趋势较为显著。但是要想使身体各个系统的机能得到有效提升,就要求必须保证人的身体机能得到发展,比如,呼吸肌的力量增强,呼吸功能等就能得以改善;心肌力量增强,心

血管功能等就可以得到改善。一般来说,国民身体机能的状况,可以从肺活量、心血管机能、血压上得到体现。

(3)身体素质方面。身体素质是人体在运动中所表现出来的力量、速度、耐力等身体基本状态和功能能力。研究发现,国民身体机能和身体素质变化形态呈现为"山峰"状,具体来说,即在青年时期是高峰期。到后续的中年就出现下滑趋势。

通过对我国国民身体健康状况的分析,可以将这方面所存在的问题加以分析和阐述,主要涉及以下几个方面。

(一)肥胖症普遍

世界卫生组织明确指出,肥胖是当今侵蚀全球人类健康的流行病之一,已经成为世界范围内普遍存在的难题。

我国国民肥胖症具有显著的普遍性。肥胖症是富贵病的一种,是代谢综合征的一种表现形式,这与我国国民生活水平提升,物质生活过于优越,饮食习惯、作息习惯不科学等有着密切关系。肥胖症的普遍,增加了我国国民患慢性疾病和癌症的风险。

(二)慢性病肆虐

当前,我国的经济发展水平已经有了飞速的提升,国民生活水平不断提高,不科学的饮食习惯、作息习惯,以及脑力劳动对体力劳动的大范围取代,导致"现代富贵病"越来越广泛和严重。慢性病发展的普遍性、高发性以及年轻化,都是当前我国国民身体素质的重要信号。

我国所说的慢性病,也被称为慢性退行性疾病,其中,主要包括高血脂、高血压、糖尿病、冠心病、癌症、慢性支气管炎、关节炎等,这些疾病对人们的工作、生活和学习都产生了严重的影响,并且这些疾病的病死率很高。因此,这些慢性疾病对于人类来说,就是噩梦般的存在。

现在,对我国城乡居民来说,慢性病已经成为一个最严酷的杀手,导致人类早早出现慢性病症状的原因有很多,其中,最为主要的原因当属不健康的生活方式。现在,我国有越来越多的年轻人患糖尿病,青少年患糖尿病的比例也在增加,上升幅度明显,这就反映出了慢性病发生的年轻化。这要引起全民的重视。

当前,我国癌症发病率和死亡率都呈现出了逐渐增加的趋势,而且,截至目前,还没有找到一种有效措施,能够有效遏制这种严重的发展势头。专家预测,如果仍然得不到及时的遏制,预计到 2030 年,癌症患者将达 500 万人,而死于癌症的人数则会达到 350 万人之多。

我国的癌症死亡率之所以比较高,一个重要原因就是我国癌症发现大都是在中晚期。癌症已成为我国第一大死亡原因,即便目前的诊断和治疗手段已经非常先进,但是,想要彻底根治这一疾病还是非常难的。这就要求全社会和相关部门要重点关注这一问题。

(三)重大传染病

我国国民身体健康方面所涉及的重大传染疾病也有很多,并且所占比重非常大。这里主要对流行性和传染性较强的几个重大传染疾病加以阐述。

1. 艾滋病

艾滋病是一种危害性极大且死亡率很高的传染病,是由感染艾滋病病毒(HIV)引起的。

近年来,尽管我国已经加强了艾滋病防控工作,对艾滋病有了一定的控制,但是,根治艾滋病的特效药物仍然没有研制出来,也无法对其进行有效的预防。除此之外,由艾滋病导致的健康问题及引发的一系列社会问题仍然很严峻,仍要继续加以关注。

2. 乙肝

慢性乙型病毒性肝炎,简称慢性乙肝,或者乙肝。当前,乙肝已经成为影响人类健康的一个严重问题。

3. 其他传染病

除了艾滋病和乙肝,我国还存在着其他一些传染病,比如,"禽流感""疯牛病""非典""新冠肺炎"等,这些病毒的传染都对社会造成了非常大的影响,也对我国国民身体健康产生了重大威胁。

(四)亚健康问题

所谓的亚健康,就是在医学上,人们所表现出的症状主要有疲乏无力、记忆力下降、学习困难、睡眠异常、情绪低落、社会交往困难等种种身体或心理不适等,尽管专业的仪器检测是正常的,但这仍属于不健康的范畴,只是还没有达到疾病的标准。

亚健康的类型是多种多样的,身体的亚健康,主要涉及睡眠、疲劳、疼痛以及身体各个机能等方面。

关于我国国民亚健康的问题,突出表现在以下两个方面。

1. 亚健康人口多

在我国,处于亚健康状态的人占到了总人口的70%,也就是说,已有超过9亿的人口处于亚健康状态,其中,高发人群是35~45岁的脑力劳动者。

对于亚健康,很多人的重视程度远远不够,大部分人甚至都忽视了"亚健康"的严重性,认为它不会对我们的生活造成多大的影响,正是这种无所谓的心态,才导致了当前我国国民处于"亚健康"状态的普遍性。

事实证明,亚健康不仅能让我们走向疾病,甚至会威胁人的生命,造成死亡,因此,一定要重视亚健康,并以此为突破口,来改善和促进国民身体健康状况。

2. 青少年亚健康问题严重

青少年群体是社会发展的重要后备力量,当前,青少年的亚健康问题也非常突出,导致这一问题产生的原因主要是学习负担过重、营养过剩或不足等。

调查发现,我国处于亚健康状态的青少年学生占到了半数还多,他们往往会表现出易疲劳、失眠、不易集中注意力、情绪不稳定、体质弱、眼睛近视率增加等症状。

当前,我国的中小学生学习压力大,作业比较多,睡眠时间和质量都无法达到要求。这也是导致青少年学生亚健康问题的原因之一。

3. 白领阶层陷入亚健康危机

亚健康问题在我国中青年白领阶层中的存在是较为普遍的。

调查发现,我国大部分的公务员是处于亚健康状态的,亚健康状态率非常高,而且职称越高,亚健康问题越严重;亚健康的状况还与经济发展水平有一定的相关性,通常,发达地区社会精英阶层的亚健康问题也非常严重,且发展态势逐渐加快。这就要求一定要积极采取有效措施,来有效遏制这些情况,从而有效降低因过劳、意外、心脑血管疾病、肿瘤、代谢障碍性疾病等死亡的人口数量,否则他们的晚年生活会非常令人担忧,因此,亚健康问题已经成为当前非常迫切需要解决的问题。

导致亚健康状态的原因有很多,其中,不合理的饮食习惯和不健康的嗜好是主要的原因所在,除此之外,长期服用化学药物也是导致亚健康问题的重要原因之一。

当前,脑力劳动者越来越多,他们往往在电脑前一坐就是一天,这就对脊柱造成了非常严重的影响,我们的脊柱承受着非常大的压力,脊柱受损的几率越来越大。可以说,导致亚健康的众多病理原因中,脊柱劳损或变形是最根本、最重要的一个原因。

二、我国国民心理健康状况及存在问题

从当前的状况来看,大部分的国民心理健康状况是良好的,不管是在平时的生活中,还是学习和工作过程中,都能够将他们的智力水平充分发挥出来,并且能够取得一定的成就感;在情绪方面,大部分国民有着较稳定的情绪,乐观自信,对未来充满憧憬,对生活有满足感;在意志力方面,大部分国民有着较健全的意志,不怕困难,顽强果敢,有自制力;在人格方面,大部分国民有着完整统一的人格,敢于竞争,努力向上,积极进取;在自我意识方面,较为完善,能较好地认识自己;他们拥有良好的人际关系,人际交往广泛,有知心朋友;在对社会的认知方面,大部分国民能够客观认识社会现实,善于进行自我调节,适应良好。但是,不可忽视的是,仍然有相当一部分国民的心理健康状况不容乐观,存在着一些亟需解决的心理问题。

(一)学业问题

对于青少年学生来说,学习是他们的主要任务,也是最为关注的问题。对于青少年学生来说,他们所面临的学业问题涉及多个方面,除了单纯性的知识学习外,还涉及各种心理问题。

(二)情绪问题

对于我国国民来说,在情绪方面所存在的问题主要有以下两个方面。

1. 抑郁

一般来说,存在抑郁情况的人是非常多的,只不过,在症状上存在着轻重不等的情况,再加上人们对抑郁症的认识存在偏差,导致很多人即使存在抑郁的情况也不自知。一般的,国民在抑郁方面,主要表现为个体心中持久的情绪低落,同时,在身体和心理上也会有相关的症状产生。

调查发现,我国的抑郁症患者呈现出不断增加的发展趋势,我国抑郁症患者大约有 3000 万,且每年因抑郁自杀的人高达 20 万,有高达 80% 的人符合抑郁症诊断标准。

当前,我国工作、生活和学习的节奏都在不断加快,竞争激烈程度也不断提升,这就带给人们更大的压力,进而诱发抑郁症的发生。

2. 情绪失衡

现代社会中,国民普遍面临着较大的压力,这种压力可以是学习方面的,可以是工作方面的,也可以是生活方面的。在快节奏的社会进程中,人们往往面临着非常大的压力,这就会导致人们在情绪上出现失控、失衡的状况,并且这种状况越来越普遍。

(三)人际关系问题

我国国民在人际关系方面所存在的问题主要表现为以下几个方面。

1. 人际关系不适

对于学生来说,从幼儿园到小学、从小学到中学、从中学到大学,都在不断地远离原来熟悉的生活与学习环境,而从又开始面对新的人际群体,这一过程中就会有部分学生显得很不适应,这就反映出了他们人际关系不适的问题。

另外,对于成年人来说,他们在换工作过程中会不断接触到不同的客户、合作伙伴等,或者换工作过程中面对不同公司的面试等,这些都对我们的人际关系提出了较高的要求,如果存在人际关系不适的问题,可能会对其社会发展造成一定影响。

2. 社交不良

大部分国民的缺乏在公众场合表达自己思想的能力与勇气,尽管他们对各种各样的活动是感兴趣的,但是却担心失败,这就制约了他们参与其中的积极性。长期如此,就会回避参与活动。

3. 个体心灵闭锁

这主要是针对学生而言的,很多大学生在进入大学校门之前,过的都是家与学校两点一线的生活,与社会接触比较少,这就导致他们普遍存在着缺乏社会阅历和人际交往经验的问题,而且自身在人际交往中的不自信又不利于增加自身的人际魅力,这对于他们良好的人际交往圈的形成是非常不利的。

(四)情感问题

所谓的情感,主要涉及爱情、友情、亲情这些主要内容,因此,国民存在的情感问题也涉及这三个方面。

1. 爱情问题

在这个网络发达的信息社会中,人们对网络的依赖性越来越大,很多人存在着单相思、失恋、网恋的情况,由此,便会引发各种各样的问题。尤其是网恋,往往会对人们的世界观、人生观和价值观产生一定的影响。

2. 友情问题

在友情方面,大部分人,尤其是学生,在友情与爱情之间存在着较为模糊的印象,无法将两者明确地区分开,不能很好地把握男女生交往的尺度。无法保持友情和爱情的平衡。

3. 亲情问题

亲情，是人们与生俱来的一种情感，但是，这也往往成为最容易被忽视的情感。对于大部分人来说，亲情往往会因为缺乏沟通和交流，而被淡化和忽视，比如，很多学生给父母打电话，往往只是为了要生活费；成年人给自己的年迈父母打电话，也往往只是嘘寒问暖，没有关注到老人的心理和精神问题。与此相反，恋人之间的电话越来越频繁，与之形成鲜明的对比。

（五）心理精神问题

1. 心理精神障碍问题日趋严重

随着社会的不断发展和进步，人们的文明病表现也越来越突出，其中最为突出的是心理精神障碍疾病，主要由"大脑信息"失控或失调所致。

目前，我国人民的心理健康情况不容乐观。究其原因，主要是由于我国在心理健康相关方面的知识缺乏普及和教育，再加上人们错误的价值观，社会生存环境恶化等，这些都推动了全民焦虑日渐严重的发展态势。

2. 能够调解心理精神问题的有效手段比较缺乏

当前，我国国民的心理健康问题已经表现出了较为严重的情况，但是，在有关的调适手段却仍然存在着各种不足，这对于人们心理问题的解决无利反而有害。

另外，我国国民存在着一定的保守心理，即使自身有一定的心理问题，也不会主动去咨询专家和医生，他们认为这是难以启齿的问题，所以不到不得已的地步，一般不会主动寻求帮助。这也在一定程度上反映出了我国国民还没有对心理不健康的危害有充分了解与认识，而且求助渠道也是非常有限的。

目前，现代医学药物和手术治疗方法在我国国民心理精神性疾病方面所产生的疗效非常有限，只能采用一些信息调适方法来解决人们的心理与精神问题，如心理疏导或思维疗法等。

第二节 体质健康测定标准

一、《国家学生体质健康标准》

(一)《国家学生体质健康标准》测试项目(表 1-1)

表 1-1 《国家学生体质健康标准》测试对象及其指标

测试对象	单项指标	权重(%)
小学一年级至大学四年级	体重指数(BMI)	15
	肺活量	15
小学一、二年级	50 米跑	20
	坐位体前屈	30
	1 分钟跳绳	20
小学三、四年级	50 米跑	20
	坐位体前屈	20
	1 分钟跳绳	20
	1 分钟仰卧起坐	10
小学五、六年级	50 米跑	20
	坐位体前屈	10
	1 分钟跳绳	10
	1 分钟仰卧起坐	20
	50 米×8 往返跑	10
初中、高中、大学各年级	50 米跑	20
	坐位体前屈	10
	立定跳远	10
	引体向上(男)/1 分钟仰卧起坐(女)	10
	1000 米跑(男)/800 米跑(女)	20

注:体重指数(BMI)=体重(千克)/身高^2(米^2)。

(二)《国家学生体质健康标准》操作方法

1. 身高测试

对学生身高进行测试用到的仪器是身高测量计。在测试之前,首先要做好0点校对,误差不得大于0.1厘米。同时,要对立柱是否垂直进行仔细检查,同时要检查并纠正其他仪器可能存在的问题。

在对学生身高进行测试时,要求学生赤足站在身高计的底板上。躯干自然挺直,头部正直。测试人员将水平压板轻压于被测试学生的头顶。测试人员读数,记录员记录。以厘米为单位。测试误差控制在0.5厘米以内。

2. 体重测试

对学生体重进行测试通常会用到杠杆秤或电子体重计。

在对学生的体重进行测试时,杠杆秤放在平坦地面上,刻度调整至0点。男生着短裤;女生着短裤、短袖衫,赤足站在秤台中央。测试人员进行测量并记录成绩。以千克为单位,精确到小数点后一位。测试误差要控制在0.1千克以内。

3. 肺活量测试

对学生的肺活量进行测试,会用到电子肺活量计。肺活量计主机放置平稳桌面上,按工作键液晶屏显示"0"即表示机器进入工作状态。

在对学生的肺活量进行测试时,要进行更深长的呼吸动作。测试过程中不得中途二次吸气。吹气完毕后,记录液晶屏上显示的数字。通常会进行三次测试,取最好成绩记录。测试结果以毫升为单位,不保留小数。

4. 50米跑测试

对学生的50米跑进行测试,主要是为了对学生的速度、灵敏素质及神经系统灵活性的发展水平加以了解。用到的仪器主要为秒表。

被测试的学生按照测试人员的信号进行"跑"和"停"的测试,测试距离为50米。以秒为单位记录,精确到小数点后一位。

5. 800 米或 1000 米跑测试

对学生 800 米或 1000 米跑进行测试主要会用到秒表。

被测试的学生以站立式起跑开始。按照测试人员的指令进行跑和停的测试,并记录成绩。以分、秒为单位记录测试成绩,不计小数。

6. 立定跳远测试

对学生立定跳远进行测试,主要会用到沙坑、丈量尺。

被测试的学生自然站在起跳线后,两脚原地同时起跳。丈量成绩并记录。最后取三次测试中最好的成绩。

7. 引体向上测试

对学生引体向上进行测试,主要会用到高单杠或高横杠。

被测试的学生跳起双手正握杠,并成直臂垂悬,然后进行引体向上拉引,动作要标准。

8. 坐位体前屈测试

对学生坐位体前屈进行测试会用到坐位体前屈测试计。

被测试的学生以坐姿用两脚平蹬测试纵板,上体前屈,两臂以中指尖尽可能向前推动游标。取两次中成绩最好一次的记录。

9. 仰卧起坐测试

被测试的学生以仰卧位,屈膝,两手抱于脑后,在同伴压住踝关节的情况下进行仰卧起坐测试。动作一定要标准。对 1 分钟内合格完成的次数进行记录。

10. 跳绳测试

对学生跳绳进行测试会用到秒表、发令哨、各种长度的跳绳。

两学生为一组,一人测试,一人记数。被测试的学生进行正规的跳绳,每跳跃一次且摇绳一回环,计为一次。停止后,测试员记录 1 分钟内的跳绳次数。

(三)《国家学生体质健康标准》评分标准

1. 单项指标评分表

表 1-2　大学男生体重指数(BMI)单项评分表(单位:千克/米²)

等级	单项得分	体重指数
正常	100	17.9～23.9
低体重	80	≤17.8
超重		24.0～27.9
肥胖	60	≥28.0

表 1-3　大学女生体重指数(BMI)单项评分表(单位:千克/米²)

等级	单项得分	体重指数
正常	100	17.2～23.9
低体重	80	≤17.1
超重		24.0～27.9
肥胖	60	≥28.0

表 1-4　大学男生其他单项指标评分表

等级	单项得分	肺活量(毫升) 大一大二	肺活量(毫升) 大三大四	50米跑(秒) 大一大二	50米跑(秒) 大三大四	坐位体前屈(厘米) 大一大二	坐位体前屈(厘米) 大三大四	立定跳远(厘米) 大一大二	立定跳远(厘米) 大三大四	引体向上(次) 大一大二	引体向上(次) 大三大四	1000米跑(分·秒) 大一大二	1000米跑(分·秒) 大三大四
优秀	100	5040	5140	6.7	6.6	24.9	25.1	273	275	19	20	3'17″	3'15″
优秀	95	4920	5020	6.8	6.7	23.1	23.3	268	270	18	19	3'22″	3'20″
优秀	90	4800	4900	6.9	6.8	21.3	21.5	263	265	17	18	3'27″	3'25″
良好	85	4550	4650	7.0	6.9	19.5	19.9	256	258	16	17	3'34″	3'32″
良好	80	4300	4400	7.1	7.0	17.7	18.2	248	250	15	16	3'42″	3'40″

第一章 当前国民身心健康状况分析

续表

等级	单项得分	肺活量（毫升）		50米跑（秒）		坐位体前屈（厘米）		立定跳远（厘米）		引体向上（次）		1000米跑（分·秒）	
		大一大二	大三大四	大一大二	大三大四	大一大二	大三大四	大一大二	大三大四	大一大二	大三大四	大一大二	大三大四
及格	78	4180	4280	7.3	7.2	16.3	16.8	244	246			3′47″	3′45″
	76	4060	4160	7.5	7.4	14.9	15.4	240	242	14	15	3′52″	3′50″
	74	3940	4040	7.7	7.6	13.5	14.0	236	238			3′57″	3′55″
	72	3820	3920	7.9	7.8	12.1	12.6	232	234	13	14	4′02″	4′00″
	70	3700	3800	8.1	8.0	10.7	11.2	228	230			4′07″	4′05″
	68	3580	3680	8.3	8.2	9.3	9.8	224	226	12	13	4′12″	4′10″
	66	3460	3560	8.5	8.4	7.9	8.4	220	222			4′17″	4′15″
	64	3340	3440	8.7	8.6	6.5	7.0	216	218	11	12	4′22″	4′20″
	62	3220	3320	8.9	8.8	5.1	5.6	212	214			4′27″	4′25″
	60	3100	3200	9.1	9.0	3.7	4.2	208	210	10	11	4′32″	4′30″
不及格	50	2940	3030	9.3	9.2	2.7	3.2	203	205	9	10	4′52″	4′50″
	40	2780	2860	9.5	9.4	1.7	2.2	198	200	8	9	5′12″	5′10″
	30	2620	2690	9.7	9.6	0.7	1.2	193	195	7	8	5′32″	5′30″
	20	2460	2520	9.9	9.8	−0.3	0.2	188	190	6	7	5′52″	5′50″
	10	2300	2350	10.1	10.0	−1.3	−0.8	183	185	5	6	6′12″	6′10″

表1-5　大学女生其他单项指标评分表

等级	单项得分	肺活量（毫升）		50米跑（秒）		坐位体前屈（厘米）		立定跳远（厘米）		一分钟仰卧起坐（次）		800米跑（分·秒）	
		大一大二	大三大四	大一大二	大三大四	大一大二	大三大四	大一大二	大三大四	大一大二	大三大四	大一大二	大三大四
优秀	100	3400	3450	7.5	7.4	25.8	26.3	207	208	56	57	3′18″	3′16″
	95	3350	3400	7.6	7.5	24.0	24.4	201	202	54	55	3′24″	3′22″
	90	3300	3350	7.7	7.6	22.2	22.4	195	196	52	53	3′30″	3′28″

续表

等级	单项得分	肺活量（毫升）		50米跑（秒）		坐位体前屈（厘米）		立定跳远（厘米）		一分钟仰卧起坐(次)		800米跑（分·秒）	
		大一大二	大三大四	大一大二	大三大四	大一大二	大三大四	大一大二	大三大四	大一大二	大三大四	大一大二	大三大四
良好	85	3150	3200	8.0	7.9	20.6	21.0	188	189	49	50	3′37″	3′35″
	80	3000	3050	8.3	8.2	19.0	19.5	181	182	46	47	3′44″	3′42″
及格	78	2900	2950	8.5	8.4	17.7	18.2	178	179	44	45	3′49″	3′47″
	76	2800	2850	8.7	8.6	16.4	16.9	175	176	42	43	3′54″	3′52″
	74	2700	2750	8.9	8.8	15.1	15.6	172	173	40	41	3′59″	3′57″
	72	2600	2650	9.1	9.0	13.8	14.3	169	170	38	39	4′04″	4′02″
	70	2500	2550	9.3	9.2	12.5	13.0	166	167	36	37	4′09″	4′07″
	68	2400	2450	9.5	9.4	11.2	11.7	163	164	34	35	4′14″	4′12″
	66	2300	2350	9.7	9.6	9.9	10.4	160	161	32	33	4′19″	4′17″
	64	2200	2250	9.9	9.8	8.6	9.1	157	158	30	31	4′24″	4′22″
	62	2100	2150	10.1	10.0	7.3	7.8	154	155	28	29	4′29″	4′27″
	60	2000	2050	10.3	10.2	6.0	6.5	151	152	26	27	4′34″	4′32″
不及格	50	1960	2010	10.5	10.4	5.2	5.7	146	147	24	25	4′44″	4′42″
	40	1920	1970	10.7	10.6	4.4	4.9	141	142	22	23	4′54″	4′52″
	30	1880	1930	10.9	10.8	3.6	4.1	136	137	20	21	5′04″	5′02″
	20	1840	1890	11.1	11.0	2.8	3.3	131	132	18	19	5′14″	5′12″
	10	1800	1850	11.3	11.2	2.0	2.5	126	127	16	17	5′24″	5′22″

2. 加分指标评分表

表1-6 大学男生加分指标评分表

加分	引体向上(次)		1000米跑(分·秒)	
	大一大二	大三大四	大一大二	大三大四
10	10	10	−35″	−35″
9	9	9	−32″	−32″

第一章　当前国民身心健康状况分析

续表

加分	引体向上（次）		1000米跑（分·秒）	
	大一大二	大三大四	大一大二	大三大四
8	8	8	−29″	−29″
7	7	7	−26″	−26″
6	6	6	−23″	−23″
5	5	5	−20″	−20″
4	4	4	−16″	−16″
3	3	3	−12″	−12″
2	2	2	−8″	−8″
1	1	1	−4″	−4″

表1-7　大学女生加分指标评分表

加分	一分钟仰卧起坐（次）		800米跑（分·秒）	
	大一大二	大三大四	大一大二	大三大四
10	13	13	−50″	−50″
9	12	12	−45″	−45″
8	11	11	−40″	−40″
7	10	10	−35″	−35″
6	9	9	−30″	−30″
5	8	8	−25″	−25″
4	7	7	−20″	−20″
3	6	6	−15″	−15″
2	4	4	−10″	−10″
1	2	2	−5″	−5″

二、《国民体质测定标准》

(一)《国民体质测定标准》测试指标

《国民体质测定标准》的测试指标主要包括身体形态、机能和素质三个方面。

表1-8 《国民体质测定标准》的测试指标

类别	测试指标	
	20~39岁	40~59岁
形态	身高 体重	身高 体重
机能	肺活量 台阶试验	肺活量 台阶试验
素质	握力	
	俯卧撑(男)	
	1分钟仰卧起坐(女)	握力
	纵跳	坐位体前屈
	坐位体前屈	选择反应时
	选择反应时	闭眼单脚站立
	闭眼单脚站立	

(二)《国民体质测定标准》评定方法与标准

1. 评定方法

主要有两种,一种是单项评分,一种是综合评级。

2. 评定标准

单项评分:包括身高标准体重评分和其他单项指标评分,采用5分制。

综合评级:依据是被测试学生的各单项得分之和。可以分为一级

(优秀)、二级(良好)、三级(合格)、四级(不合格)四个等级。任意一项指标无分者,不进行综合评级。

(三)《国民体质测定标准》综合评级标准

《国民体质测定标准》标准手册及标准见表 1-9。

表 1-9 《国民体质测定标准》标准手册及标准

等级	得分	
	20～39 岁	40～59 岁
一级(优秀)	>33 分	>26 分
二级(良好)	30～33 分	24～26 分
三级(合格)	23～29 分	18～23 分
四级(不合格)	<23 分	<18 分

第三节 影响国民体质健康的因素分析

前面对我国国民身体和心理健康的状况以及存在的问题进行了阐述,由此,对我国国民的健康状况有了全面的了解和认识,而造成这种状况背后的原因是什么呢?哪些因素影响着国民健康,尤其是体质健康呢?下面就对影响我国国民体质健康的几大因素加以分析和阐述。

一、先天遗传因素

(一)先天遗传因素的体现

遗传,是对人类和其他生物产生影响的先天性因素,遗传是自然界种族延续的基本条件。与人体相关的遗传因素涉及几十种,最为主要的有身体素质、性格行为与精神活动等。其中,父母平均身高对子女身高有 75% 的影响;父母骨骼对子女骨骼发育的影响占 80%。除此之外,父母在体型、躯干和四肢的比例方面都会对子女产生较大的遗传。

父母对子女的遗传不仅体现在形态、体质、性格上，也体现在许多显性和隐性的疾病上。因此，为了能够阻断遗传病的延续，提高人口质量，首先需要对人体的遗传物质有所认识，并掌握相应的遗传规律，使优良的遗传基因得到延续和发展，对不好的遗传基因进行改造。

（二）先天遗传因素对国民体质健康的影响

先天遗传因素对国民体质健康的影响，遗传病是较为典型的代表。大多数遗传病是先天性疾病，比如较为典型的有：先天愚型、血友病、白化病等，这些疾病是出生即有所表现的。

遗传病对人类健康的威胁日益严重。临床研究发现，与先天遗传因素相关的疾病有三千多种。其中，遗传因素所产生的影响较大的主要有高血压、中风、糖尿病、部分肿瘤疾病等。

遗传病对儿童体质健康有着极为严重的危害。在我国，每年新出生的婴儿中，约有13‰~14‰有先天性缺陷。在自然流产儿中，大约50%是染色体异常引起。

为了避免先天遗传病的发生，需要采取一系列的预防措施，比如，避免近亲结婚、开展遗传咨询、提倡适龄生育、实行婚前检查和产前诊断等。

遗传病的治疗难度是非常大的，当前，"环境工程疗法"是最主要的遗传病的治疗方法，并且已经有所成效。但是，对于那些因遗传影响而导致的先天畸形，则需要通过手术来治疗和纠正。另外，基因疗法将成为将来治疗遗传性疾病的重要方法，值得关注。

二、环境因素

每个人的生存与生活都是在一定的环境条件下进行的，因此，环境因素是自始至终都对人们产生影响的重要因素。通常，对国民体质健康产生影响的环境因素，可以分为自然环境因素和社会环境因素两个方面，其对国民体质健康的影响也各不相同。

(一)自然环境对国民体质健康的影响

自然环境,就是指影响人类生存和发展的各种天然的和经过人工改造的自然因素的总体。

人和环境形成了一个不可分割的统一整体,环境的变化都会对人产生相应的影响。其中,良好而适宜的生存环境是会对人体产生积极促进的影响的,而恶化的环境则会对人体的各个方面产生不利影响。

一般来说,对国民体质健康产生影响的自然环境因素主要有化学性因素(如汞、镉、砷、氰化物、酚、多氯联苯、化学农药等),物理性因素(机械振动、噪声、废热等),生物性因素(各种病菌、致病霉菌、病毒、寄生虫卵等)。

自然环境污染对国民体质健康多产生的影响是非常深远的,但是,由于污染的毒性、浓度和个体的差异,以及污染时间的长短、散发快慢等条件不同,造成危害也有一定的差异性,通常可以分为急性危害、慢性危害和远期危害等几种类型。比如,大气污染、水污染、土壤污染等都会严重危害国民体质健康。慢性呼吸系统疾病、身体机能障碍等都是自然环境污染对人体健康所产生的影响。此外,全球变暖也影响了人类健康。

(二)社会环境对国民体质健康的影响

社会环境又称文化社会环境,包括社会制度、法律、经济、文化、教育、民族及职业等。社会环境的破坏也会对国民体质健康造成一定的危害。

1. 竞争环境对国民体质健康的影响

所谓的社会竞争环境,涉及学习竞争、工作竞争及生活竞争等各个方面。在充满竞争的社会环境中,国民的体质健康受到各方面竞争压力的影响,因而不同程度的健康问题相继出现。

2. 家庭环境对健康的影响

每个人都有各自的家庭环境,并且家庭环境的影响是非常显著的,因为家庭是每个人非常重要的生活场所和生存环境。家庭环境的好坏会对国民体质健康产生直接的影响。比如,现在很多由于居住环境污染严重而导致各种疾病的产生,轻则哮喘、支气管炎、鼻咽炎等,严重者则为肺癌、肠癌等,严重危害国民体质健康。

3. 政策环境对健康的影响

(1)社会政策本身对健康的影响

社会政策会对国民体质健康造成直接的影响,具体来说,政策是否公平公正,会对社会的和谐与否产生直接影响。

(2)政治制度对健康的影响

我国实行的是社会主义制度,政府对人民的健康和幸福高度关注。从当前的状态来看,我国社会主义制度还是比较重视国民体质健康的。

(3)相关政策措施对健康的影响

我国国民的健康生活也会受到相关政策措施的影响。比如,《劳动保护法》《食品安全法》等就能够有效保障人们的健康与安全,由此,国民的体质健康也得到了保证。

4. 信息环境对健康的影响

信息环境也会对国民体质健康产生一定的影响,这主要在对健康方向和健康行为上得到体现。

由此可见,加强社会环境的治理,维护社会的稳定和团结,是非常重要且必要的,这已经成为我国政府工作的重中之重。由此来进一步促进社会环境的和谐发展,有效保障国民体质健康的有效改善。

三、生活方式因素

(一)生活饮食习惯对国民体质健康的影响

人类的生存与发展,都是在一定的物质基础上进行的,"民以食为天",这就将日常饮食营养的重要性体现了出来。不同食物的营养功能和价值都是不同的,有的食物可以促进骨骼生长,对机体系统功能改善有利;有的食物以益智功用为主等。但是,我国国民在营养方面的认知程度还比较低,这就导致在日常饮食习惯方面存在一些问题,比如,膳食不合理,营养不均衡,从而对国民体质健康造成不利影响。因此,为了利于国民体质健康,要求在选择食物时,首先应该考虑的是是否对身体健康有利,其次才是口感。

(二)不良生活方式对国民体质健康的影响

现代社会普遍存在的不良生活方式,如久坐熬夜、不爱运动、吸烟、吸毒、嗜睡、酗酒等,是导致国民体质健康问题产生的主要原因之一。比如,吸烟、吸毒,会导致气管炎、咽炎、肺气肿、肺癌等多种疾病的产生;酗酒会引发胃溃疡疾病,导致肝癌、骨质疏松等体质健康问题。除此之外,节食减肥和暴饮暴食等也是国民体质健康问题产生的重要原因。

贪睡在当今社会也是普遍存在的一个问题,尤其是压力比较大的年轻人,平时上班时间紧迫,夜生活时间比较长,导致睡眠严重不足,周末似乎就成了补觉日,如果长期持续这种情况,会对人的身体健康产生严重的危害。比如,会扰乱体内生物钟节律,导致消化道疾病如胃炎、溃疡等的产生,导致身体虚弱等。因此,就要求合理控制睡眠时间。

熬夜已经成为现代人习以为常的一种生活习惯,但是,这样往往就会导致人的免疫力和记忆力下降,影响眼睛周围血液循环,严重者还会导致失眠、健忘等情况,不利于体质健康。

现代人不管是学习还是工作,静坐姿势已经成为主要的姿势,并且坐着的时间比较长,通常一坐就是一天。但是,长坐不动这种不良的生活方式往往会导致人们感到腰酸背痛,肩膀不适。除此之外,前列腺炎、颈椎病等也是久坐的危害。

四、精神活动与健康服务因素

(一)精神活动对国民体质健康的影响

精神活动,就是指个体在现实生活中对客观事物的主动反映活动。人类的精神活动是错综复杂的,通常,会被分为三个部分,即认知过程、情感过程、意志过程。

《黄帝内经》中的"怒伤肝""悲伤脾""恐伤肾",就将情绪对人体身心健康的影响阐明了出来。现代医学心理学的研究也证明心理因素导致心血管病、高血压、肿瘤等许多疾病的发生。消极的情绪能引起各器官系统的功能失调,这严重影响着国民体质健康。因此,这就要求尽可能保持良好的、积极的心理状态,从而有效抵消消极情绪的有害影响,通过神经和内分泌系统使体内环境处于稳定的平衡状态。

(二)健康服务对国民体质健康的影响

健康服务,就是指卫生服务,也可以将其具体理解为,卫生机构和卫生专业人员,以防止疾病、增进健康为主要目的,通过各种卫生资源和手段的运用,来进行的有计划、有目的的提供必要服务的活动过程。

当前,健康服务的任务有两个方面:一个是基本任务,即治病救人;另一个是主要任务,即维护及促进人们的健康。但是,由于我国经济发展水平不均衡,这就决定了健康服务也会存在着不均衡的问题,那些经济欠发达地区人们的保健服务是跟不上的,这就会导致营养不良和疾病的发生概率较大,健康水平也相对较低。

五、体育运动锻炼因素

体育运动锻炼是最经济的提升国民体质健康水平的手段和路径。具体表现为以下几点。

(一)对身体机能的影响

(1)能改善和提高中枢神经系统功能。
(2)促进血液循环,提高心脏功能。
(3)改善呼吸系统功能。
(4)骨骼、肌肉结实有力。

(二)健康促进作用体现

(1)控制体重,保持健美体型。
(2)培养健康个性。
(3)防治疾病,延缓衰老。

第二章 体育教育与健康促进的理论指导

如今,健康已成为现代社会所关注的重要问题,体育作为实现健康促进目标的重要手段,受到学校教育体系、各机构教育体系的广泛重视。体育教育成为重要的社会活动。科学的教育需要科学的理论指导,本章将从运动生理学、运动心理学、体育保健学、教育学四大领域相关理论出发,为广大教育者与被教育者提供启发。

第一节 运动生理学理论指导

运动生理学是人体生理学的一个重要分支,是体育科学中重要的应用基础理论学科。运动生理学研究了人体在运动过程中结构和机能的变化以及形成和发展运动技能的生理学规律。运动生理学的相关理论能够指导人们进行合理的体育训练,对体育教育与健康促进有重大的意义。

一、运动过程中人体机能变化规律

在运动过程中,人体的机能会随着运动前状态、工作状态、疲劳和恢复过程的不同阶段发生有规律的变化。

(一)运动前状态

运动前状态指人体的某些器官、系统在参加训练或比赛前(赛前数天、数小时或数分钟)产生的条件反射性变化。

1. 运动前状态的生理变化

运动前状态的生理变化主要表现在物质代谢加强、神经系统兴奋性提高、体温升高等方面。大部分人在运动前都会经历心率加快、呼吸加快、汗腺分泌增加,且越临近比赛或训练这些变化就越明显。运动员的心理状态、相关经验以及比赛或训练的重要程度都会影响运动前反应。适宜的运动前反应能够促进运动员的发挥,相反则会降低运动员的运动成绩。

2. 运动前状态的生理机理

条件反射机理可以解释运动员运动前状态产生的机理。比赛或训练过程中的场地、观众、广播等信息与运动时肌肉活动的生理变化结合起来形成了自然条件反射,只要这些信息一出现,运动前的生理变化就显现出来。

3. 运动前状态类型

根据不同人在运动前的不同生理反应特征可将运动前状态划分为三种类型。

(1)准备状态型。中枢神经系统兴奋性适度提高,在一定程度上克服内脏器官的惰性,缩短进入工作状态的时间,有利于发挥机体工作能力和提高运动成绩。

(2)起赛热症型。中枢神经系统的兴奋性过高,常常失眠、四肢无力、过度紧张、身体不自觉颤抖,并时常感到喉咙发堵,因而运动员的水平不能得到正常发挥。初次参加重大比赛且过分重视比赛结果的年轻运动员通常属于此类型。

(3)赛前冷漠型。赛前神经系统的兴奋性过低,表现为对比赛淡漠。

4. 不良运动前状态的调整

必须在运动前将自身状态调整到最佳,才有可能取得好的运动成绩、收获好的锻炼效果。训练或比赛前运动员需要提高自身心理素质,端正态度并进行适当强度的准备活动。对于缺乏比赛经验的运动员,应多参加比赛积累相关比赛经验。对于太过紧张的运动员,可以适当安排转移注意力的练习。

(二)准备活动

比赛或训练前的准备活动旨在调整赛前状态,克服内脏器官的生理惰性,适当提高大脑的皮质兴奋水平、机体的代谢水平。

准备活动又叫"热身",英文名字是"warm-up",可见运动前的准备活动能使运动员的体温升高。体温适当升高不仅可以降低肌肉黏滞性,提高肌肉收缩和扩张的速度,还可以增加体内酶的活性,保证机体在运动过程中有充足的能量供应。准备活动中进行的肌肉活动提高了神经中枢相应部位的兴奋性,每次比赛或训练前均做准备活动,会形成条件反射。从预防运动创伤方面来说,准备活动也必不可少。但准备活动的有效性在四十五分钟后便会消失,因此要调整好准备活动与正式训练或比赛之间的时间间隔。

准备活动包括一般性准备活动与专门性准备活动。运动训练前,应当先进行一般性的准备活动(如走、跳、徒手操等)。在进行一些身体局部负荷量大的技术动作训练时,需要增加一些专门性的准备活动,以确保运动时直接使用的局部肌肉有合适的肌肉温度和血液供应(图 2-1)。

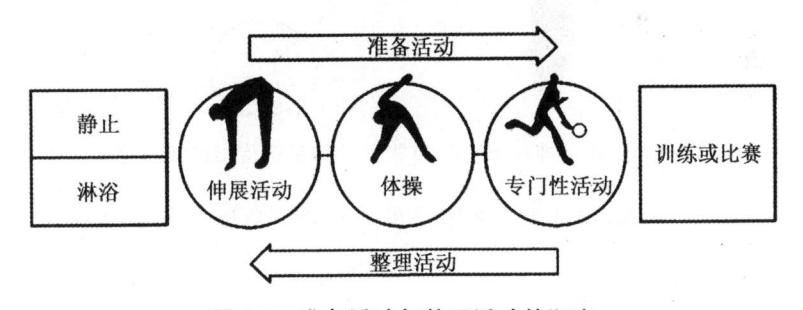

图 2-1 准备活动与整理活动的顺序

(王步标. 运动心理学[M]. 北京:高等教育出版社,2011:28.)

(三)进入工作状态

人的机能能力在进行体育运动时缓慢提高,进入工作状态的实质是人体机能的动员。

产生进入工作状态的机理主要涉及两个方面。

(1)反射时。人的任何运动都是反射活动,运动活动越复杂,中枢之间传递延搁的时间就越长,于是就需要更长的时间进入工作状态。

(2)内脏器官的生理惰性。肌肉运动需要依赖内脏各器官的协调配合。内脏器官活动受到植物性神经系统的支配,与躯体性神经系统相比,植物性神经系统的传导速度较慢而且传出途径中有更多的突触联系(图2-2)。因此,内脏器官的生理惰性相对较大。一般情况下,内脏机能在运动2~3分钟后才能达到最高水平。

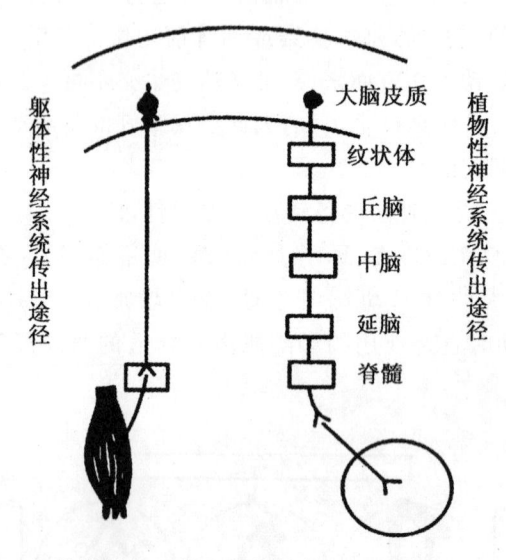

图 2-2 躯体性神经系统和植物性神经系统传出途径示意图

(封飞虎. 运动心理学[M]. 武汉:华中科技大学出版社,2014:27.)

(四)稳定工作状态

稳定工作状态指进入工作状态结束后,人体的生理功能与运动功率输出保持动态平衡或相对稳定。

稳定工作状态可分为真稳定工作状态和假稳定工作状态。

(1)真稳定工作状态。真稳定工作状态是指在进行强度较小、运动时间较长的运动时,机体的吸氧量与需氧量保持动态平衡的状态(图2-3)。在真稳定工作状态下,运动过程中的能量供应以有氧供能为主,乳酸堆积较少,血液中酸碱平衡。真稳定工作状态持续时间的长短取决于氧运输系统的功能。

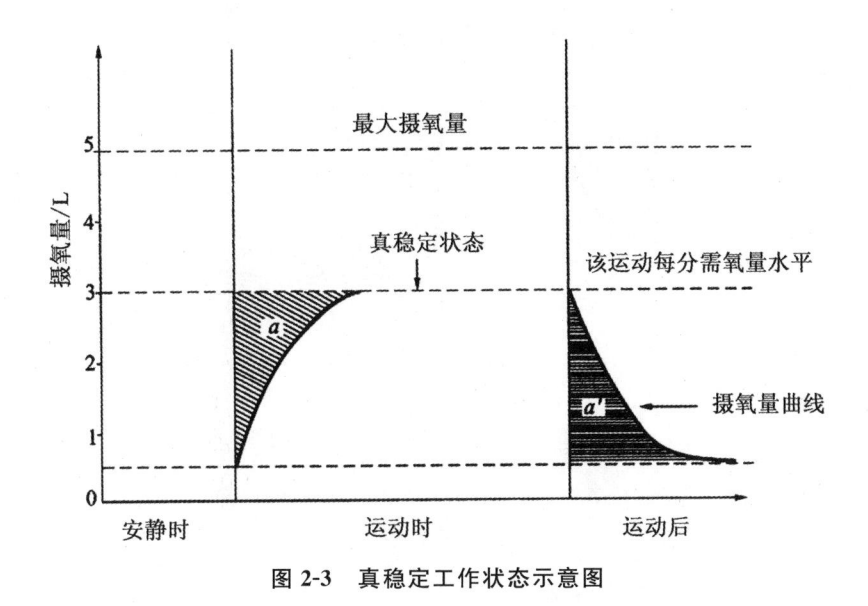

图 2-3 真稳定工作状态示意图

(封飞虎. 运动心理学[M]. 武汉:华中科技大学出版社,2014:29.)

(2)假稳定工作状态。假稳定工作状态是指在进行强度较大、运动时间较长的运动时,个体的吸氧量已达到最大吸氧水平但还不能满足机体对氧的需要,有氧和无氧供能系统同时参与机体供能的工作状态(图 2-4)。假稳定工作状态下,心率、血压、呼吸频率等基本生理功能近乎达到极限,肌肉的电活动加强以代偿肌肉的疲劳。机体不能够维持长时间的稳定工作,容易产生疲劳。

(五)运动性疲劳

运动性疲劳指机体的工作能力下降,不能维持运动过程中设定的某一运动强度的训练的生理现象。但运动性疲劳通常可以通过适当的休息得到缓解。

要想科学地指导运动训练、提高运动成绩和健康水平,判断运动性疲劳是否出现十分重要。目前常用的判断方法有生理指标测定法、自我感觉评定法等。下面仅介绍几种常用的生理学测定方法。

图 2-4 假稳定工作状态示意图

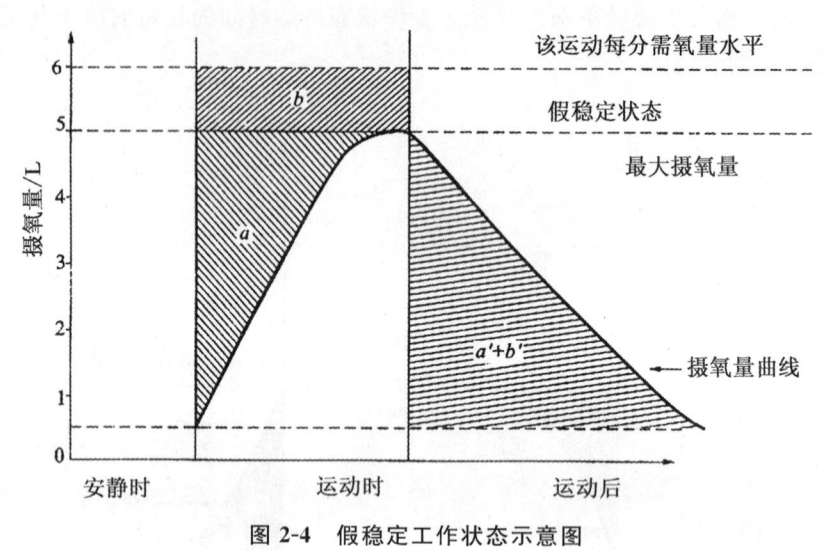

(封飞虎. 运动心理学[M]. 武汉:华中科技大学出版社,2014:30.)

1. 测定肌力判断疲劳

(1)背肌力与握力。肌肉疲劳常表现为肌肉力量下降,如果不存在其他特殊原因(如肌肉损伤),运动后运动员肌肉力量明显下降且不能及时恢复,便可视为产生肌肉疲劳。施测时,要先多次测量运动员运动前的肌肉力量并计算均值,再用同样的方法在运动后进行力量测定。如果出现肌肉疲劳,则运动后的肌肉力量平均值会低于运动前水平,或几次力量测定值连续下降。若运动员的疲劳程度较深,肌肉力量可能在一次练习后的数天内得不到恢复。

(2)呼吸肌耐力。每隔 30 秒测一次肺活量,连续施测 5 次,疲劳时肺活量逐次下降。

2. 测定神经系统和感觉机能判断疲劳

(1)膝跳反射阈值。疲劳时阈值升高。
(2)反应时。疲劳时反应时延长。

二、运动定向的生理学依据

(一)运动定向与科学选材

教师或教练员把一些具有某个项目运动天赋的运动员选拔出来,对每个运动员施加专门训练,帮助他们充分发挥自身潜能,达到较高的竞技水平。

其中,运动定向与科学选材二者密不可分。选材必定要考虑到运动项目的具体特点和需要,但挑选哪些条件优越、有潜能的运动员,进行哪个运动项目的专门训练要经过基础训练阶段的实际考察,找到其最适合的项目(即完成运动定向)才能确定。

在田径这种包含较多项目的训练中,一般先选材后定向。经过基础阶段的全面训练,以便发现运动员在哪一个专项上更有才能和发展潜力。对于某些较早出现高水平专项成绩的项目,可以将选材与运动定向结合起来,但仍需注意运动员的发展趋势,为运动员选择最适合的、最有前途的运动专项。

(二)遗传与选材

选材的核心是遗传,人的形态、生理功能、身体素质等多方面的指标均会受到遗传的影响。运动员早期选材中应重点考虑身高、血型、最高心率、最大摄氧量等与遗传相关的指标。

(三)项群与选材

项群指具有共同特点的体育项目群组。主要依据项目的竞赛特点、动作特点、对身体功能的要求对项群进行分类。通常不同项群以生理学为基础对早期化训练年龄提出了不同的要求(表2-1)。

表 2-1　各项群初级选材年龄及生理学基础

序号	项群名称	项目举例	初选年龄/岁	生理学基础
1	技能类美性运动项目	体操、跳水等	6～8	前庭反射、爆发力、柔韧、ATP、PCr等
2	技能类短冲项目	短跑、短滑等	8～10	反应时、动作时、10秒最大功率、ATP、PCr等
3	技能类同场对抗项目	足球、篮球等	10～13	视野、前庭反射、肌糖原、血乳酸等
4	同场格斗对抗项目	摔跤、拳击等	11～15	反应时、爆发力、无氧氧化酶、瘦体重等
5	技能类力量性项目	举重、划船等	12～15	瘦体重、雄激素、骨密度等
6	技能类耐力性项目	中长跑等	12～16	安静心率、血红蛋白、5次肺活量、乳酸阈等

专项化训练与专业化训练不同,过早进行大负荷量的专业化训练是有害的,但早期的专项技术学习对运动员有利。体操教练员巴隆曾说:"必须在14岁以前把难度提上去,否则今后动作的发展会面临很多困难。"跨栏的专项技术始训年龄也较早,9～11岁开始专门性练习和全面素质训练,11～12岁基本掌握整个跨栏技术。可见某些项群的早期化训练必不可少,但关键是把握好尺度。

第二节　运动心理学理论指导

运动心理学主要涉及竞技运动、大众健身、体育教育三大领域内容,并着力将各领域的相关理论与实际相结合。体育教育领域研究学生运动过程中的认知、情感、行为过程以及如何利用学校的体育教育培养学生的人格,促进学生的身心健康。掌握基本的运动心理学理论,有利于体育训练在体育教育中的实施。

一、运动动机

(一)动机概述

在相同条件下为什么有的学生乐此不疲地参加校内各项体育活动,而有的学生甚至不愿意做课间操?从事任何一项体育活动都需要有一定的动机,运动动机是学生参与运动活动的主要动力源泉。

1. 运动动机的概念

动机指激发、推动、维持一个人从事某项活动以满足个体需要的内部动力。运动动机指推动学生参与体育活动的内部动力。运动动机的产生有两个必要条件:个体内部需要;外部诱因。个体内部需要指人们因某种东西的匮乏而引起的内部紧张,为了降低内部的紧张状态,个体会去寻找满足需要的对象,产生参与某一活动的动机。强身健体、获得团体认同通常是人们参与体育活动的内部需要。外部诱因指个体之外的各种刺激。高额奖金、冠军头衔是常见的人们参与体育活动的外部诱因。个体内部需要和诱因的相互作用决定了个体的运动动机,其中内因起主要作用,外因通过内因起作用。

2. 动机的分类

依照不同的分类标准,可将动机分为不同的种类。

(1)生物性动机和社会性动机。根据动机的不同性质进行分类。生物性动机以生物性需要(如饥渴、睡眠等)为基础;社会性动机以社会性需要(如成就、交往等)为基础。

(2)直接动机和间接动机。根据需要的特点进行分类。直接动机指向活动本身,以直接兴趣为基础。如学生觉得数学有趣而认真钻研,取得了良好的成绩。间接动机指向活动结果,以间接兴趣为基础。如学生希望取得好的比赛名次而接受自己觉得较为枯燥的练习。两种动机都会影响运动员的行为,但相对而言直接动机更为有效。

(二)动机理论

有关动机与运动行为的理论主要包括归因理论、认知评价理论、自我效能理论、目标定向理论。

1. 归因理论

归因理论由心理学家韦纳提出,归因指人们通过内在的推理解释和评价自己或他人行为结果背后的原因。韦纳把人们对行为结果的归因分为三个维度:控制点(内部归因与外部归因);稳定性(稳定性归因与不稳定性归因);可控性(可控制归因与不可控制性归因)。日常生活中,人们对于成功或失败的归因通常会是以下四种类型中的一种:能力、努力、任务难度和运气(表2-2)。不同类型的归因风格会影响个体的情绪及今后的努力。控制点影响个体情绪,内在归因比外在归因带来更为强烈的情绪体验,将成功归因于内在因素会激起自豪感等积极情绪。稳定性影响个体对成败的预期以及对所从事活动的坚持,在稳定性归因下我们认为成败的结果可以预测,不稳定性归因则认为每次的结果都有可能发生变化从而更有可能缺乏坚持性。可控性影响个体的努力,个体认为事件的成败结果可以由自我控制才愿意付诸努力。

表2-2 韦纳的成败归因理论

维度 类型	成败归因维度				
	控制点		稳定性		可控性
	内部	外部	稳定	不稳定	可控	不可控
能力	√		√			√
努力	√			√	√	
任务难度		√	√			√
运气		√		√		√

教师只有有效激发学生的动力,对学生的运动表现进行正确的归因,才能使训练成功。教师应鼓励体育成绩优异的学生进行内在且稳定

(如能力)的归因。内在归因可以提高自我效能感,而稳定的归因可以使个体预测成功再次发生。而对于体育成绩相对较差的学生,教师要引导他们进行内在不稳定的归因,内在归因有助于个体对自己的行为结果负责,而归因于不稳定因素可以降低个体的无助感。

2. 认知评价理论

认知评价理论强调人们对客观事件的看法与评价。认知评价理论关注"内部动机",指人从事某项活动本身带来的满足与愉悦的动机。如员工出于对工作的喜爱而努力工作。但如果老板过分强调工作绩效,用金钱等外部手段激励员工,员工的动机反而会下降。人们从事某项活动时感到自己的行为取决于自己的内部动机和目标才会增强自我决定感,进而持续地从事相关活动。外部强化的使用不当会削弱人对活动本身固有的热爱,让人丧失对自身行为的控制。

教师和同学之间的口头反馈是学生获得关于自身体育表现信息的主要来源,相对于反馈的数量,反馈的意义更为重要。积极的反馈(如"你完成得很好")可以有效提高学生的内部动机。相关研究表明,有些学生因为参加比赛有报酬时常会感到失去内部动机。但如果在给予报酬的同时向学生提供与自我决策相关的建设性信息,这些学生的内部动机就会明显提高。在竞技运动领域,优秀的运动员不应将争取获胜作为唯一的目标,他还应该坚持体育精神,通过比赛提升自我,从体育活动中获得乐趣。有经验的教师或教练员不应以高度控制的方式训练运动员,而是应该鼓励运动员独立自主,给他们提供更多自主的机会,使运动员保持较高的内部动机和自尊。

3. 自我效能理论

自我效能由美国心理学家班杜拉提出,指一个人对自己是否具备完成某一项任务的能力或潜能的认知与评价。通常评价的结果会影响一个人的动机。该理论认为,直接经验(自己获得的成功经验)、间接经验(参照榜样的表现获得的关于自己能否成功的判断)、言语说服(他人通过鼓励性的话语使个体相信自己有完成任务的能力)和情绪唤醒(情绪是否积极和情绪的强度)四种手段可以影响自我效能感。

体育教育领域主要关注自我效能与体测成绩之间的关系。研究者指出,学生的自我效能感越高,焦虑水平就越低,努力程度就越高,体测成绩就越好。教师的自我效能感指教师相信自己有能力对学生的体育锻炼产生积极影响的一种信念。它影响教师的工作积极性以及遇到困难时的坚持程度,同时也会间接影响学生的自我效能和运动表现。教师可以采取一些方法如鼓励性的自我暗示提高学生的自我效能。

4. 目标定向理论

目标定向理论认为,目标定向可以分为任务定向和自我定向两类。任务定向强调纵向对比,重视个人的努力,以掌握技能、完成任务为目的。它有助于激发人们对任务的直接兴趣,有助于维持和提高内部动机。自我定向则强调横向对比,将自己与他人进行比较,注重社会参照,以超过他人为目标。相比之下,任务定向有助于提高人的主观能力感,而自我定向则会降低人的主观能力感和内部动机。

相关研究表明,任务定向更易使人产生努力工作就会获得成功以及体育能够促进工作的信念,常与享受、满足、兴趣等积极情感相关,与坚持、努力相关。自我定向则在于追求社会地位,促使人使用能体现个人能力的表现策略,与积极或消极的情绪或动机行为不相关。人们可以同时具有任务定向和自我定向。斯滕伯格通过对高尔夫新手的观察,发现在自我定向和任务定向两种动机上得分均较高的运动员通常有更高的成就,更享受运动,有更高的坚持性。因此,教师应该提供良好的训练环境,使每个学生建立起高度的任务定向。然而,体育活动离不开自我定向,总会存在能力的比较。每位学生切不可只注重自己在集体中的成绩排名而丧失了对运动活动的直接兴趣。

二、运动活动参与者的认知过程

(一)运动活动的感知过程

感觉是指人脑对直接作用于感觉器官的客观事物的个别属性的反应。知觉是在感觉的基础上形成起来的人脑对当前客观事物的整体反应。感觉在前,知觉在后,知觉是感觉的延续,但不只是各种感觉的简单相加。感知觉对于运动活动具有特殊意义。对于感知觉的分析和培养应当因项目而异。

1. 运动活动与感觉系统

感觉系统主要包括动觉、视觉、听觉、触压觉、平衡觉。

(1)动觉。负责将身体运动的信息传入大脑,由肌觉、腱觉、关节觉等组成。体育运动中的各种运动动作均需要动觉的帮助。

(2)视觉。光作用于视觉器官,其信息经过视觉系统加工后产生的感觉。视觉对绝大多数运动项目来说至关重要。如各项球类运动需要准确观察球、对方队员、同伴队员的空间方位变化。

(3)听觉。听觉器官在声波作用下产生的对声音特性的感觉。在啦啦操等体育活动中,学生需要跟随音乐伴奏做出相应的动作,产生节奏感,这属于动觉和听觉的联合知觉。

(4)触压觉。非均匀分布的压力(压力梯度)在皮肤上引起的感觉。在各种持械的运动项目中(如举重),对运动员的触压觉敏感性有很高的要求。

(5)平衡觉。人体做加速、减速、旋转运动时,通过内耳的前庭器官引起的感觉。平衡觉涉及身体整体的位置与运动,在武术、轮滑等项目中十分重要。

2. 运动活动与知觉系统

知觉系统主要包括空间知觉、时间知觉、运动知觉。

(1)空间知觉。人脑对当前物质空间关系的直接反映,在各种分析器的协调活动中形成。例如,篮球运动员利用视分析器、运动分析器、前庭分析器等形成空间知觉,在球场上正确判断各球员的位置信息,从而明确自己的走位和进攻防守策略。

(2)时间知觉。人脑对当前事物延续和顺序关系的反应。包括时间长短知觉、时间间隔知觉、反应速度和节律的知觉。例如,在排球运动中,从球的发球到空中飞行再到最终的下落,各阶段的变化都占用一定的时间。排球运动员需要在掌握排球运动过程中的时间关系的基础上形成准确的技术动作。

(3)运动知觉。人脑对当前运动物体在空间时间上位移过程的反应。各种肌肉感觉是运动知觉的基本成分,肌肉运动感觉包括肌肉本身感觉、肌腱感受器受到刺激产生的感觉、关节表面感受器受到刺激产生的感觉。运动感觉主要涉及进行运动的外界物体和有机体的自身运动变化这两个方面。运动知觉对于体育运动具有重要的意义。例如,教师不能准确知觉学生的动作就无法给予正确的指导;学生不能准确知觉自身动作就无法得到能力的提升。

(二)运动活动的注意状态

学生的运动表现在很大程度上取决于运动时的注意水平。相关研究表明,高水平运动员的巅峰状态与高度集中的注意力相关。在体育比赛中夺取名次的学生通常很少被无关紧要的事情干扰,时刻将注意焦点集中在当前任务上,而表现欠佳的学生容易过度担心比赛结果。

人与人之间的注意能力存在个体差异,焦虑和唤醒水平升高对注意方式的转变有干扰,并使注意的范围缩小。学生应当学会调节自身的唤醒水平,将其维持在最佳唤醒水平上,降低注意的窄化。

注意分配指在同一时间将注意力放在两项或多项任务上。由于人的信息加工能力有限,如果一个学生需要同时完成两项运动活动且两项活动难度较大,那么两项运动任务的成绩均会受到影响。但是当运动技能日趋成熟,对运动活动注意的要求就会降低,这时学生更有可能注意到其他的线索,同时完成多项运动活动。

既然学生的注意水平与运动表现息息相关,那么发展学生的注意技能就显得尤为重要。在提升注意技能之前,需要使用注意和人际关系方式测试(TAIS)对练习者进行注意力的测评。TAIS用以测量一般的、不涉及运动情景的注意力,另外,有针对不同运动项目设计的网球运动员专用版 T-TAIS 测试、棒球(垒球)专用版 B-TAIS 测试。教师可以根据实际情况选用不同的测评量表。

三、运动活动参与者的人格特征

人人生而不同,运动活动参与者的不同人格特征导致了人和人之间巨大的心理差异。从心理学的观点出发,这些差异与遗传、环境等多方面因素有关,影响着运动的效果。

(一)人格概述

1. 人格的界定

人格是构成一个人思想、情感、行为的特有模式,是一个人稳定而统一的心理品质。心理学上"人格"一词包含两层含义:公开的自我和隐藏的自我。公开的自我指个体在日常生活中表现出来的外在行为,隐藏的自我指隐藏在个体行为背后的内在心理特点。人格具有独特性、稳定性和统合性。独特性说明人格的千差万别;稳定性强调个体行为在不同情景下的一致性和可预测性;统合性则反映个体的心理健康,只有个体的人格结构各方面协调统一,人格才是健康的。

2. 人格的结构

人格是一个由气质、性格、自我调控系统等组成的复杂的结构系统。

气质是一种先天形成的稳定的心理特征,主要表现在心理活动的强度、速度、灵活性等方面。林黛玉的"多愁善感"、张飞的"率直鲁莽"等就是我们在现实世界中对一个人气质的描述。不同气质的人有不同的行为表现,适合不同的运动项目。因此,在培养运动员时需要充分考虑个体的气质特点。

性格是一种后天形成的可塑造的与社会密切相关的心理特征。性格具有道德评价的含义,有好坏之分。如一个人正直有爱心是好的,冷漠自私是坏的。性格受社会环境的影响,在体育运动的实践过程中,应该着重培养运动员良好的性格品质,杜绝不良道德行为。

自我调控系统是人格中的自控或内控系统,调控人格的各种成分,确保人格的完整和统一。

(二)体育运动领域的人格测量

人格测验作为一种心理学测量手段可以帮助教师或训练员了解运动员的具体特点,下面将介绍几种运动领域常用的人格测量工具。

1. 常用人格特质测验

《卡特尔 16 种人格因素问卷》(16PF)。该测验共有 180 个条目,用来测量乐群性(A)、聪慧性(B)、稳定性(C)等在内的 16 种人格因素。每一个测试题有 a、b、c 三个答案,对应 0、1、2 记分。可以通过计分模板得出各因素的原始分,再将原始分按常模表换算成标准分。也可以用计算机评分,抄录计算机的评分结果。霍恩萨用此问卷测量了奥运选手的人格特质,率先将其应用到体育运动领域之中。

《艾森克人格量表》(EPI)。该测验有 57 个条目,每题为二选判断题,对神经质—情绪稳定、内向—外向两种人格维度进行施测。该量表目前已被《艾森克人格问卷》(EPQ)所取代,增加了精神质和成瘾性两个维度。EPQ 因其具有较高的效度和信度被广泛应用。

2. 体育运动领域专用测验

《运动竞赛焦虑测验》。该测验与竞赛情景密切结合,测量运动员的竞赛焦虑特质。该量表由 15 个题目组成,支持了 SCAT 的信度、预测效度、构想效度等,已成为非常普遍的测评工具。

《竞技运动心理韧性问卷》(SMTQ)。该测验有 14 个条目,包括自信、坚持、控制三个维度。

《优秀运动员心理韧性量表》。该测验由我国学者编制,有 25 个条目,包括努力奋斗、坚持忍耐、情绪控制、积极认知 4 个因子。

(三)人格与运动表现

人格是运动心理学长期关注的主题,能够为运动项目的选材和专项训练提供科学指导。研究表明,人格特征与运动表现的某些方面存在相关。

1. 不同运动项目运动员的人格差异

有研究人员对参与不同运动项目的运动员在人格特征上的差异进行了比较,概括出了从事某一运动项目运动员的典型的人格特征。

辛格(Singer,1969)的研究表明,与大学生棒球运动员相比,网球运动员在成就动机、自主性、攻击性方面得分更高,顺从性方面得分较低。

王秀香和明大阳(2004)指出,从事体能主导类项目的运动员普遍表现出外向性和情绪稳定性。刘欣华(2006)发现我国女子乒乓球运动员比女子篮球运动员个性更加开朗活泼,自信乐观。相关个案研究发现,单板滑雪运动员大多兴奋敢为。

2. 优秀运动员的心理图像

运动水平通常表现为运动员所达到的运动成就。有证据表明,高水平运动员有区别于普通水平运动员的独特的人格特征。摩根等人绘制了优秀运动员心理图像、冰山图像,提出了心理健康模型。研究者认为,成功的世界一流运动员通常具有更积极的心理图像(图 2-5),具有更多的积极心理因素(如活力、外向等)和更少的消极心理因素(如焦虑、紧张、抑郁等)。

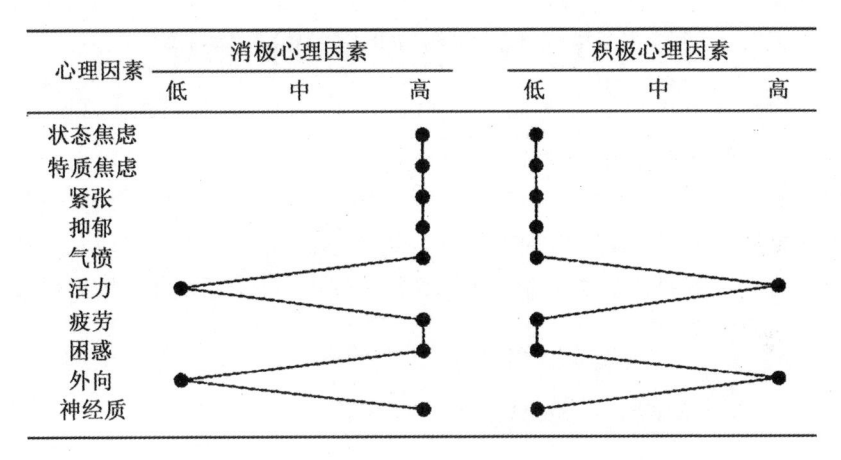

心理因素	消极心理因素			积极心理因素		
	低	中	高	低	中	高
状态焦虑			●	●		
特质焦虑			●	●		
紧张			●	●		
抑郁			●	●		
气愤			●	●		
活力	●					●
疲劳		●			●	
困惑		●			●	
外向	●					●
神经质			●	●		

图 2-5 不成功运动员和成功运动员的心理图像

(毛志雄. 运动心理学[M]. 北京:中国人民大学出版社,2015:47.)

冰山图像反应心理素质与运动成绩之间的关系。将成功运动员在各种心境状态上所得的 T 分数连起来,看起来像一座冰山(图 2-6)。莱恩和特里在 2086 名运动员中使用了《心境状态剖面图》,发现和常模人群相比,运动员样本人群的心理剖面图更加健康。

图 2-6　优秀运动员冰山图像

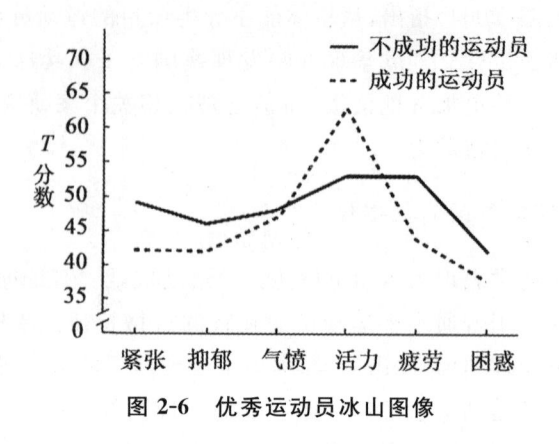

（毛志雄．运动心理学［M］．北京：中国人民大学出版社，2015：56．）

第三节　体育保健学理论指导

体育保健学作为一门新兴的综合应用学科，主要研究人体在运动过程中的保健规律与措施。不仅需要对"健康"有一个全面的了解与认识，更需要从卫生保健学的角度去研究环境和不同形式的体育运动对人体带来的不同影响。掌握体育保健学的相关理论，对体育教育与健康促进有重大的意义。

一、体育保健学概述

（一）体育保健学的任务

体育保健学的主要任务是掌握人体机能活动的基本规律，掌握各个年龄不同健康状况、不同运动水平的人的不同特点，运用人体科学基础理论和相关卫生学、临床医学知识给予有效的医疗监督和指导、制定体育卫生措施和伤病康复手段，以增进人体的健康。

（二）体育保健学的内容

体育保健学着眼于人体在体育运动过程中的保健规律与具体实施

措施。体育保健学涉及体育卫生、医务监督、运动创伤防治、医疗体育4个部分。

体育卫生部分主要研究运动与环境、运动与营养、各人群的体育卫生等。

医疗监督部分主要研究运动性疲劳的产生及消除、体育教育、运动训练的医疗监督和运动性病症等。最近,医学科学、电子信息技术不断向前发展,运动技术水平不断提高,研究已向分子水平的微观世界深入。

运动创伤防治部分主要研究运动创伤的机理、诊断、预防与治疗,运动创伤相关急救技术等。

医疗体育部分主要研究医疗体育知识、运动处方、受伤后的训练以及一些疾病的运动疗法等。

二、健康体适能

(一)健康体适能概述

体适能用于描述一种生命状态,通常具有较低的健康风险和较高的体力活动能力。体适能"三分类体系"主要包括健康体适能、运动体适能、生理适能(表2-3)。

表2-3 体适能三分类体系

健康体适能	运动体适能	生理适能
心血管适能	灵敏	代谢
身体柔韧性	平衡	形态
肌肉耐力	协调	骨强度
肌肉力量	爆发力	
	速度	

健康体适能是一个健康学术语,主要用于研究体力活动与健康的关系并提出能有效促进人身心健康的干预措施。健康体适能的发展不仅受遗传等先天因素的影响还受到体育锻炼等后天因素的影响。健康体适能的内容主要包括心血管适能、柔韧适能、肌肉适能等。

(1)心血管适能。血液运输系统向肌肉运输氧气等物质以维持机体正常的体力活动的能力。

(2)柔韧适能。在不引发疼痛的前提下,关节活动的最大范围。

(3)肌肉适能。机体凭借肌肉的收缩克服阻力完成体力活动的能力。

(二)健康体适能常用干预手段

1. 心血管适能常用干预手段

有氧运动是提高心血管适能的有效手段,有氧运动指人体在氧气充足的情况下所进行的运动锻炼,通常运动持续时间较长,强度较小,其健身的效果取决于练习强度、运动负荷等多种因素的交互作用。常见的发展心血管适能的有氧运动项目有很多,主要包括慢跑、健美操、极地滑雪、骑自行车等,不同运动项目的健身价值不同,相关专家制定出了一个定量评价分值表(表2-4)。

表2-4　4种常见健身锻炼项目评价表

运动项目	心血管	肌耐力	肌肉力量	柔韧性	平衡	减肥	健美	消化	睡眠	总分
慢跑	21	10	17	9	17	21	14	13	16	148
骑自行车	19	18	16	9	18	20	15	12	15	142
极地滑雪	19	19	15	14	16	17	12	12	15	139
健美操	10	13	16	19	15	12	18	11	12	126

2. 柔韧适能常用干预手段

不同运动项目对柔韧适能的练习提出不同的要求。游泳对肩、髋部的要求较高,武术、体操对全身的肩、腰、腿、膝等部位的柔韧性都极为重视。可选用的提升柔韧适能的方法有很多,主要包括动力性柔韧适能练习和静力性柔韧适能练习。

(1)动力性柔韧适能练习(又称快速拉伸练习)需要在短时间内多次重复同一动作。通常包括肩绕环、扩胸、振臂、侧腰、踢腿等练习,或者是在他人帮助下的压腿、压肩练习。

(2)静力性柔韧适能练习(又称慢速拉伸练习)通过缓慢的动作拉伸软组织。通常包括静态压腿、背桥等练习,练习者有意识地放松肌肉,使之慢慢被拉长。练习时需要注意拉伸幅度避免受伤。

3. 肌肉适能常用干预手段

负重阻抗训练是改善肌肉适能的有效手段,应遵循超负荷原则、特异性原则合理安排训练,基本原理包括肌肉肥大、神经肌肉运动控制增强和能源物质含量增加等。增强身体不同部位的肌肉适能可采用不同的锻炼方法(表2-5)。

表2-5 增强人体不同部位肌肉适能采取的锻炼方法

人体不同部位肌肉	锻炼方法
胸肌	俯卧撑、双臂侧举、仰卧推举、仰卧直举
肩肌	双臂侧举、提铃耸肩、俯身上拉
腰腹肌	屈腿仰卧起坐、两头起、坐姿负重转体、悬垂举腿
手臂肌	引体向上、臂弯举、直体上拉

三、常见病症的运动疗法

(一)高血压病的运动疗法

高血压是最常见的心血管疾病。流行病学调查显示,我国高血压患者以每年300万人的速度增加。高血压分继发性和原发性两种。肾脏疾病、内分泌疾病会导致继发性高血压,其血压升高有明确的病因。而90%以上的患者患有原发性高血压,目前只能被控制而不能根除。原发性高血压的发病原因尚不清楚,目前普遍认为和过量食盐摄入、口服避孕药、精神紧张等因素有关。大量研究表明,适宜的运动可以使血压稳定或下降,有助于高血压的治疗。

1. 运动方式

(1)低强度有氧运动(如步行、慢跑、游泳等)。此外还可以采用太极拳、气功等中国传统医疗保健方法使身体保持自然放松、思想集中,通过调心、调身和调气达到机体的平衡,对降压有一定效果。

(2)小强度抗阻力运动和有氧运动结合。轻型高血压病人,可采用此方法增加肌力,改善心肺功能。通常采用40%的最大负重负荷量进行每周3次的大肌群(如肱二头肌、背阔肌、胸大肌等)循环抗阻力训练。10~15节为一个循环,每节10~15次,节间休息30~60秒。练习时应在用力时呼气,保持一定的呼吸节奏,减轻血管的反应性。

2. 运动强度

通常以最大心率(220-年龄)的50%~60%(最高不超过70%)作为低强度有氧运动的靶心率。例如,一位53岁的中度高血压男性患者,没有运动禁忌,其最大心率的预计值为167次/分钟,其最低的运动强度为84次/分钟(167次/分钟乘以50%),中等的运动强度为100次/分钟(167次/分钟乘以60%),而最高的运动强度为117次/分钟(167次/分钟乘以70%)。

3. 运动频率、时间

运动的持续时间应与运动强度成反比。若运动强度小于60%最大心率时,每周可进行5次运动锻炼且每天的运动时间可延长。若运动强度为60%~70%最大心率时,每周可锻炼3~5次,每次运动20~30分钟。

运动锻炼的时间越长,降压效果越佳。所以,高血压病人要想维持降压效果需坚持进行运动锻炼。

(二)冠心病的运动疗法

冠心病的全称为冠状动脉粥样硬化性心脏病,在临床上表现为心绞痛、心肌梗死、心源性猝死。多发于40岁以上的男性,且大多患者为脑力劳动者。运动疗法在冠心病的康复治疗方案中十分常见。

冠心病的运动疗法通常包括有氧运动、放松性运动、娱乐性活动、医疗体操等。

(1)有氧运动。常用的有氧运动有步行、慢跑、登山等。理想的有氧训练每周进行 3～7 次，每次至少 15 分钟，强度为 50％～85％最大心率。中、低强度的运动并发症较少但需要较长的运动时间以达到增强功能的目的。一般认为每周的总运动负荷约达到步行或慢跑 20 英里时训练的效果最佳，疾病的发作和死亡率最低。

(2)放松性运动。包括腹式呼吸锻炼、放松术等锻炼。

(3)娱乐性运动。包括各种球类活动、棋牌类活动，在提高病人参加活动的积极性的同时应避免任何竞争性质的活动，以免产生心血管应激。

(4)医疗体操。医疗体操以柔缓的中小强度的牵伸性活动为主，广泛应用于心脏病康复治疗。常见的医疗体操有导引养生功、太极拳等。

第四节　教育学理论指导

教育学作为一门社会学科，主要研究存在的教育现象和问题以及教育的一般规律。近年来，体育教育作为教育学的一个分支快速发展。不管什么类型的教育活动，虽然具体的运作目的和方式会有所不同，但是内在的原理和规律是相对稳定的。掌握教育学的相关理论知识，对体育教育与健康促进有重大的意义。

一、体育教育目标

(一)体育教育目标概述

体育教育目标指体育教育实践活动所要达到的预期结果。它是各项体育教育活动的出发点与落脚点，也是评价体育教育工作的基本依据，决定着体育教育发展的方向。

1. 体育教育目标的特征

(1)社会性。体育教育的存在与发展与社会状况(如国家政治经济等因素)密切相关，不可避免的反映出具体社会时期的特点和阶级利益的需要。

(2)指导性。体育教育目标指引着体育实践活动的方向,对教育者和受教育者均有导向和激励的作用。各体育教育部门应该以具体目标为基准开展实施各项工作。

(3)系统性。体育教育目标是由不同时期、不同类型的子目标组合而成的有机整体。它们环环相扣、有序排列。教育者们应该明确各目标系统的结构和优先级,重视体育教育的整体功效。

(4)科学性。体育教育目标是根据社会教育与发展的实际情况而做出的整体规划,它应综合考虑现实的教学条件、受教育者自身的发展阶段和目标的可行性,反映出体育学科的本质。

(5)层次性。学生在不同学习阶段应有不同的体育教育目标,包括学前、初等、中等、高等体育教育目标等。还可以根据周期的不同将体育教育目标分为短期和长期目标。各类目标从小到大、从低到高、从具体到抽象应呈现出一定的层次性和相互之间的连接性。

2. 体育教育目标体系

(1)我国体育教育的目的在于促进学生正常生长发育,增强学生体质,增进学生身体健康。与学校教育有机结合,使学生成为德智体美劳全面发展的、具有良好思想品德与意志品质的社会主义接班人。

(2)我国体育教育的总目标在于顺应现阶段我国具体国情和时代发展,通过各种体育活动使学生掌握基本的体育健康知识与运动技能,形成坚持锻炼的好习惯,养成健康的生活方式,培养良好的心理素质、乐观的生活态度,提高人际交往的能力。

(3)体育与健康课程的目标在于以身体练习为主要手段,增进中小学生的健康。这是体育教育目标在体育课程领域的具体化。2001年7月正式出版的《中小学体育与健康课程标准》一书构建了体育与健康课程总目标、五个学习领域目标、不同学习领域的水平目标三个递进层次的目标体系。五个学习领域由身体活动主线、健康主线两大主线组成,具体目标包括运动参与目标、运动技能目标、身体健康目标、心理健康目标和社会适应目标。

(二)实现体育教育目标的途径

实现体育教育的目标主要可通过体育与健康课程、课外体育活动、家庭体育和社区体育来实现。体育与健康课程方面,《中小学体育与健康课程标准》强调"健康第一"的指导思想,强调教师以学生为主体向学生进行素质教育,精心选择教学内容(如篮球、排球等丰富的体育运动项目)提高学生的运动兴趣,关注每位学生的个体差异和不同需求,确保让每一位学生受益。课外体育活动方面,校方积极开展以全体学生为对象、以课间操为主要内容的各种体育锻炼活动,包括课外竞技比赛、郊游、远足等活动。形式丰富的课外体育活动(俱乐部活动、小团体活动、个体活动等)既可以满足学生课余文化生活需要又有利于老师发现和培养有运动才能的学生。家庭体育方面,家庭成员以居住所在地和周围公共环境为主要的活动场所,充分利用闲暇时间根据自己的兴趣进行体育锻炼,促进家庭和睦、社会和谐、全民健康。家庭教育的内容具有一定的随意性,可包括登山、钓鱼、探险等各种可能的运动项目。目前,许多家庭把家庭成员的身体健康放在重要的位置,进行各项体育运动锻炼的动机加强。社区教育方面,各社区、单位以街道办事处、居委会带头,以各企业单位为轴心开展与组织区域性的体育活动。社区教育能够有效地加强社区成员之间的情感交流,凝聚人心。社区教育惠泽民众,服务社会,成为丰富群众文化生活的重要窗口。

二、体育教育主体

人是构成体育教育活动的最为积极主动的要素,其中教师的"教"与学生的"学"构成了教学的基本活动体系。在开展体育教育教学的活动中,必须要正确认识教师与学生在教学活动中的地位和作用,明确教师与学生的相互关系、各自的活动特点和相互作用的基本形式,树立正确的师生观。

(一)体育教育活动中教师的主导性

体育教师的主导性指教师对学生学习过程的指导质量和强度,体现了教师对学生的综合作用与责任。教师的主导性不同于教师的主宰性,前者强调启发和民主,后者则强调灌输和管束。教师需要在清楚体育教育教学观念、熟悉体育教学教材、了解学生实际情况的基础上,将学生有针对性地导向目标。

体育教师的主导性主要表现在以下几个方面。

(1)贯彻体育教育教学指导思想。体育教育教学指导思想会在不同时代和历史时期发生变化,体育教师应在自己的教学过程之中(教学过程的准备和实施阶段)贯彻当前体育教育教学的指导思想。

(2)选择教学内容并对教学材料进行加工。教师作为体育素材与学生之间的桥梁,应该从社会、学科要求、学生需要出发,精选教学内容,教给学生实实在在的体育知识与技能。

(3)选用适当的教学方法和手段。教师的教学方法和手段应与学生的年龄特征、实际需要相适应,不同的教学方法和手段会影响教学效果,因此巧妙运用各种方法,创设有趣的教学情境至关重要。

(4)评价体育学习。教师需要不断评价学生的学习态度和效果,给予适当的教学反馈,激励学生持续学习。评价既包括过程性评价、总结性评价也包括学生之间的互评、学生的自评。

(5)"导航"学生体育学习的方式。学生不仅需要学习各板块的知识,而且需要将这些零散的知识串联起来形成"知识板块",灵活地运用到体育实践活动当中。体育教师的任务就是培养学生的探究性、自主性学习能力,"导航"学生体育学习的方式,使学生能够有效整合所学的知识,形成知识体系。

(二)体育教育活动中学生的主体性

体育教育活动中学生的主体性指学生在学习过程中对自己学习目标的明确程度和学习动机强弱程度的认识。学生通过自觉的能动活动逐渐培养起学习的主体意识,清楚自己在做什么,为什么做和怎样去做。学生发挥主体作用需要教师把教授的目标转化为学生的学习目标,将教学过程设计成为学生的学习过程,创设民主的教学情境,重视学生的学习方法,将被动的学习方式转变为多样化的学习方式。

学生学习的主体性主要表现在以下几个方面。

(1)选择体育学习的内容和方法。当代教学思想提倡在专家根据社会和教育的目标对教学内容作出初步的筛选后,学生主动参与一部分教学内容的选择。这一行为有利于他们通过"我想学"的动机调动学习积极性。

(2)在体育学习过程中的自主性。在思想层面上,学生对自己学习过程中的学习方略有独立自主的意识。在个性化学习方式和行为方面,学生在一定程度上能够自我支配、调节和控制自己的体育活动。在各种探究性学习活动中,学生能够充分发挥包括想象力、创新能力在内的自身潜力。

(3)在体育学习过程中的能动性。主要表现在学生积极参与体育活动,根据已有的知识经验主动同化外界教育的影响,对知识进行加工改造,使新旧体育知识得到整合。素质教育虽然强调学生是学习的主体,但不可削弱教师的主导作用,片面地强调"学比教更重要"。相反,学生是学习的主体对教师提出了更高的要求,需要教师不断构建新的教材,创建愉快的教学环境,有更强的责任心和教学能力。教师的主导性和学生的主体性是一个统一的整体,需要教师正确地"导",学生主动地"学"。没有正确的"导",学生只能"瞎学";而没有主动地"学",即使是正确的"导"也是老师在白费劲。只有把教师的正确指导和学生的主动学习结合起来,才能创造出一堂充满乐趣、让人收获满满的成功课。

三、体育教学

(一)体育教学内容

体育教学内容指在体育教学环境下,根据体育教学目标、学生的发展需要和现实的教学条件筛选出来的传授给学生的身体练习、运动技术学习和教学比赛体验。体育教学内容有别于体育运动的内容。体育教学内容以教育为目的而体育运动内容以娱乐和竞技为主要目的。例如,奥运会中的田径运动以取得胜利为目的,按照比赛的原则进行内容体系的组织和加工,因而不需要考虑如何通过田径来完成教育的目的,也不需要从教育的角度出发对课程内容进行改造。而作为教育内容的田径必须设置某阶段的教育目标,根据受教育者的身心特点、教学周期等合理安排教学内容,在许多方面与竞技场上的竞技运动有很大不同。

传统的体育教学内容主要包括体育保健的基本原理与知识(结合运动实践内容教授基础的保健方法)和各项运动项目的教学(如田径运动、体操运动、球类运动、韵律运动等)。

新兴的体育教学内容较传统的体育教学内容有了很大的不同。近年来,随着人们对中华传统体育的重视,一些文化性很强的乡土运动(如踩高跷、抖空竹、舞龙、跳皮筋等)重新走进了课堂,使学生对中国民间体育有了更深的领悟,对地方本土文化有了更深的了解。随着"新体育运动"在世界范围内的展开,许多如小棒球、踢踏舞、啦啦操、心理拓展训练等新兴的体育活动走入学校,大大提高了教学内容的时代性。

(二)体育教学过程

体育教学沿着合理的途径达到目标就形成了体育教学过程,它在体育教学中相当于"公路",是体育教学的时间和程序支撑。不同的教学时间表现为"单元规模"问题,不同的教学程序表现为"教学模式"问题。体育教学过程实际上是使学生掌握体育知识、运动技能并接受体育道德和行为教育的教学程序。此程序中包括学段、学年、学期、单元、课时等不同的时间概念。

1. 体育教学过程是掌握运动技能、提高运动素质的过程

体育学科教学过程的主要目的是使学生在不断的身体练习中掌握运动技能、提高运动素质。应在教学设计和内容选编方面将二者有机地协调起来。

2. 体育教学过程是集体学习和集体思考的过程

体育教学主要采取"集体学习"和"小集体学习"的形式,体育技能的习得也需要在集体学习和集体思考的过程中完成。此过程是培养学生社会交往与社会适应能力的重要途径。

(三)体育教学评价

体育教学评价是依据体育教学目标和原则,对体育"教"与"学"的过程与结果做出的价值判断和量评工作。由于体育学科的多样性、体育教学内容的非逻辑性和缺乏统一的考试的缘故,导致体育教学评价一直是体育教学工作和理论中的难题。在体育教学实践方面,体育教学一线人员对教育教学评价方法和手段进行了不少的尝试。

1. 教师对学生学习效果的"总结性"评价

总结性评价一般是在学期末、学年末或某项教学活动结束时做出的判断其效果的评价。这种评价主要采用百分制(表2-6)、五分制(表2-7)的最终体育成绩来评定学生的运动表现。

表 2-6　教师对学生体育成绩的评定(以百分制为例)

方面	分值	评分内容	评分方法
体育态度	10	出勤率、态度评定	出勤统计+主观评价
体育知识	20	体育运动项目知识、体育锻炼知识积累	知识考试+主观评价
运动素质	40	速度、耐力、柔韧、灵敏等运动素质	素质测试+主观评价
运动技能	30	有关运动技能的评价	技评考试+主观评价

表 2-7　教师对学生体育成绩的评定(以五分制为例)

方面	分值	评分内容	评价方法
运动技能	3	特长、技能面、体育锻炼知识	技能考核+知识考试
运动参与	0.5	积极态度、喜好程度	行为观察+态度问卷
身体健康	0.5	病假率、体适能	出勤+健康标准测试
心理健康和社会适应	1	性格开朗、集体融入度	行为观察+态度问卷

2. 教师对学生学习的"过程性"评价

过程性评价指在体育教学活动中,为了及时了解活动进行中存在的问题、调整活动计划而进行的及时性评价,及时性评价能够帮助获得更加理想的教学效果。过程性评价涉及的内容较多且方法手段灵活多样(表2-8)。

表 2-8　教师对学生学习的"过程性"评价

学习过程中的激励评价	
评价内容	学生的学习目标、参与程度、拼搏精神和学习效果等
评价方法	表扬、批评、抑制、激励等
评价手段	口头指示、手势、眼神、问卷、技能小测试等

3. 学生学习的自我评价

学生学习的自我评价可以唤起学生的自省,评估自己在体育学习过程中的态度和表现。学生的自我评价可以以学校制定的评价目标为标准,也可以自行制定评价标准。前一种方式适合学年末的评价,后一种方法适合用于日常性的自我评价(表 2-9)。

表 2-9　学生对学习的自我评价

评价内容	学习目标、参与程度、拼搏精神、学习效果等
评价方法	自省、自评、自我反馈、自我暗示等
评价手段	目标回顾、学习卡片、成绩前后对比、行为的检点等

第三章 现代体育教育理念与健康促进保障研究

现代体育教育的发展水平很大程度上受到体育教育理念的影响,不断更新体育教育理念,严格贯彻与落实科学教育理念,就会不断促进体育教育的改善与发展,而体育教育又在促进体质健康方面发挥着重要作用,因此体育教育的发展对促进、改善及维护学生健康具有重要意义。在现代体育教育中要加强对健康促进的科学指导,不断建立健全健康促进的保障体系,提高健康促进效果,有效提升学生的健康水平。本章主要对现代体育教育理念与健康促进保障展开研究,首先分析现代体育教育理念的贯彻与落实,然后重点探讨了健康促进的营养保障、运动康复保障以及运动监督保障。

第一节 现代体育教育理念的贯彻与落实

一、"健康第一"教育理念的贯彻与落实

"健康第一"教育理念是指把"健康第一"作为教育工作的指导思想,它包括两方面含义:第一,学校教育要以学生的健康为出发点和落脚点;第二,学校教育要对学生的健康负责,学校体育应责无旁贷地对学生健康承担起重要责任。在体育教学过程中贯彻"健康第一"教学理念要注意以下几点要求。

(一)提升体育教师的业务素质

体育教学质量的提高一定程度上由体育教师的素质决定,现代体育教学要求体育教师不能只是单一型教育工作者,而且还是科研型教育工作者,具有一定的探索精神和创造能力。这就要求体育教师扎实掌握体育专业知识,掌握学生素质发展的规律性,树立终身学习的思想,不断适应社会需求,具备良好的教学监控能力。

(二)结合学生实际情况展开教学

在体育教学中,应多了解学生的基本情况和学习需求,在此基础上培养学生自觉的健康意识和健康行为,要立足学生实际而制定教学大纲,认真组织学生参加体育活动,开展不同形式的体育比赛,培养学生的实践能力。

(三)技术教育与健康教育相结合

对学生来说,掌握健康知识和健康促进方法至关重要,传统体育教学只重视运动技术的传授,而忽视了对健康知识的传授。而学生只有掌握了健康知识和锻炼方法,才不会盲目进行体育锻炼。因此,在体育教学中也要重视健康教育,传授健康知识和健身方法,提高学生的体质健康水平。[①]

二、"以人为本"教育理念的贯彻与落实

"以人为本"教育理念中的"人"是指学生,在教育中要以学生的个性及其全面发展为本,要从学生的身心发育规律、兴趣爱好、学习基础及实际能力出发而制定教学目标、选择教学内容、设计教学方法,从而提高体育教学的质量,达到良好的健康促进和育人效果。在体育教学过程中贯彻"以人为本"教学理念对教学目标与内容提出了以下要求。

---

① 朱兴中. 新课标下对湖南省普通高级中学如何贯彻"健康第一"指导思想的研究[D]. 长沙:湖南师范大学,2008.

（一）对体育教学目标的要求

在体育教学中要将社会本位目标与学生本位目标统一起来。社会本位要求将社会确定为体育教学的价值主体，以满足社会发展的需要，学生本位要求将体育教学的价值主体设为学生，把握学生个体的需要，并依据学生的兴趣、需要展开教学工作，满足学生各方面发展需求，实现学生健康发展。只有充分结合这两个本位目标，才能有效实现体育教学目标。

（二）对体育教学内容的要求

"以人为本"教学理念要求优化体育教学内容，选择体育教学内容时，应重点选择有利于培养学生体育兴趣、促进学生人格发展的教学内容；选择具有娱乐性、趣味性的教学内容；选择具有创新性，有利于培养学生创新素养的教学内容；选择实用的，与社会生活密切联系的，可提升学生终身体育能力的教学内容。①

三、"终身体育"教育理念的贯彻与落实

终身体育是指个体终身从事身体锻炼和接受体育教育的过程。终身体育的最终目的是使人们自觉从事体育锻炼，实现身心健康发展。要使人们养成终身体育锻炼的习惯，先要培养人们的体育锻炼意识，形成内在动机，在此基础上才会养成持久牢固的锻炼习惯。体育教学中贯彻落实"终身体育"教学理念的要求如下。

（一）更新教学理念

学校应从教学条件和办学特色出发，明确素质教育的宗旨、目标，明确定位教学目标，将"终身体育"作为基本指导思想，强调体育的教育性、健身性及终身性，全面开展健康的、终身的且具有特色的体育教育活动，强化学生对终身体育锻炼的认识，全方位培养学生主动参与体育锻炼的

---

① 武海燕,代虹.中小学现代教育理念[M].哈尔滨：黑龙江人民出版社,2006:46.

意识,提升学生的运动技能和社会适应能力,促进学生健康成长。

(二)丰富教学内容

在体育教学中要不断丰富与完善体育教学内容,根据学生喜欢刺激性与挑战性项目的心理特征,开设攀岩、橄榄球等比较新颖的、有一定挑战性的运动项目,吸引学生参与,营造良好的校园体育氛围。此外,可以引进一些具有地方色彩和民族特色的体育项目,进行特色化体育教学,这样不但能够使学生深化对终身体育的认知,还有助于传承民族统体育文化。

(三)优化教学考评

对学生进行定量与定性的综合评价。确保学生了解与掌握学习内容,通过评价挖掘学生擅长的运动技能,创造机会使学生展示自己的强项,提升学生的成就感,使学生将体育锻炼作为终身性活动。

由学生自己评价学习过程与学习结果,也可以由同学和教师。要将不同评价进行评价的方式结合起来运用,提高评价的客观性、真实性及全面性,通过评价使学生全面认识自己的长处与不足,并不断完善自己的知识与技能。①

第二节 健康促进的营养保障

一、三大营养素的均衡

(一)蛋白质

人体内激素、血液及皮肤的组成都包含蛋白质,在人体干燥成分中(将水分除去),蛋白质所占比例达 30%~40%。

---

① 黄丽秋. 终身体育思想的形成及教学引领研究[D]. 长沙:湖南师范大学,2014.

蛋白质主要发挥以下两个方面的作用。

第一,是皮肤、激素和血液的重要组成部分,对人体组织如毛发、肌肉、脏器等功能的发挥起到维持作用。人体组织的新陈代谢会造成蛋白质的消耗,因此对蛋白质的补充很重要。

第二,蛋白质有助于促进缓解伤病症状,促进机体恢复和健康,也能缓解紧张的精神状态。因此,当机体受伤或生病时,当精神紧张时,可以通过补充蛋白质来促进身心健康。而且在伤病或紧张状态下补充的蛋白质的量要比平时多。日常生活或工作中如果身心压力大,消耗的机体与心理能量多,那么要特别重视对蛋白质的充分补充。

(二)碳水化合物

一些减肥人士以碳水化合物易使人变胖为由而拒绝补充这类营养素,事实上,只要补充的热量多,而只消耗了小部分热量,就容易致人发胖,这不是碳水化合物的问题,补充蛋白质时如果摄入量远远大于消耗量,同样也有发胖的可能。可见,对摄入热量的方法进行调整以及保持摄入与消耗的平衡很重要。如果不注意补充碳水化合物,为了满足机体活动之需,就会使蛋白质快速分解,蛋白质用于供应机体所需能量后,体内蛋白质大量减少,会影响身体活力。因此,不仅要补充蛋白质,还要补充必要的碳水化合物,使其参与供能,维持机体正常活动。

(三)脂肪

很多人将脂肪视作"天敌",减肥人士尤其是女性群体更是如此。但是完全不摄入脂肪是不可取的。人体健康的保持离不开脂肪,提高身体机能水平需要我们摄入一定量的脂肪。但是脂肪不可摄入过多,而且很多含有蛋白质的食物中就已经包含了脂肪,补充这些食物就能补充脂肪,而且日常生活中进食用食用油加工过的食物也能补充脂肪,所以一般情况下不需要刻意去摄入脂肪。

脂肪中的不饱和脂肪酸对人体健康十分有益,其中必需脂肪酸对机体健康有重要意义,所以补充脂肪时以补充必需脂肪酸为主。人体内不会自动合成这类营养素,所以要摄入含有必需脂肪酸的食物来补充这类营养。

蛋白质、碳水化合物和脂肪是人体必需的三大营养素,补充这些营养素很重要,补充时要满足机体健康和机体活动的需要,要与能量消耗达到平衡,要保持三大营养素补充的适宜比例。此外,补充其他微量营养素如矿物质、维生素也非常关键,补水更是不可忽视,只有全面均衡地补充,才能使身体始终充满活力,提高生活、学习及工作效率,预防疾病,维持持久的健康。

二、健康饮食

(一)平衡膳食

饮食要健康,要吃多种类的食物,谷物要占较大的比例,果蔬、膳食纤维类食物可适当多吃,牛奶、豆制品可常吃,瘦肉、蛋类、禽类、鱼类可适量补充,荤油、肥肉要少吃。进食量要与日常消耗量保持平衡,饮食要清淡,限量饮酒,进食前要确保食物卫生、安全,不卫生的和变质食物不能吃。

(二)健康饮食要点

1. 早餐很重要

吃早餐有益于人体健康。人一天的能量很大一部分来源于早餐,吃早餐不仅能满足机体能量之需,还能使身体从前一晚睡眠中的静止状态快速进入活动状态,提高一天的工作与学习效率。不吃早餐的人在上午的学习与工作中,注意力不易集中,思考能力也会下降,从而影响工作与学习效率。所以说,吃早餐非常重要。

2. 热量的补充与消耗要均衡

能量供需平衡是保持健康身材的关键。有些人一天中只摄入少量能量来达到快速瘦身的效果,虽然这样会减少体重,但是严重损害了健康。而且也会造成机体代谢慢,热量消耗慢而少,这样反而更容易变胖。可见极端减少能量补充并不能够达到理想的减肥效果,得不偿失。

3. 对于甜食和油腻食物要少吃

甜食和油腻食物中含有大量脂肪,如果进食过多,容易造成脂肪在体内的堆积,从而使人发胖。所以,要控制甜食和油腻食物的摄入量。要少吃奶油蛋糕、油炸食品。

三、应对不适症状的营养补充

(一)易感冒的营养补充

体质差、免疫力较低的人很容易感冒,这类人群应该特别注重对蛋白质、维生素 A 和维生素 C 的补充,以促进身体抵抗力的增强,改善体质。

(二)紧张、疲劳时的营养补充

容易精神紧张和疲劳的人要重视对维生素的补充,尤其是维生素 B_1、维生素 C 和维生素 E 等,这些营养素对促进能量代谢非常有益,可使机体抵抗力得到提升。

(三)眼疲劳的营养补充

现代人长时间使用手机、电脑、平板等电子产品,容易造成眼疲劳,所以要加强对维生素 A 的补充,这对视网膜的活动的有利的,有助于保护视力,促进视觉机能的提升,预防眼睛出现红血丝,而且也有助于对眼疲劳症状的消除。

(四)怕冷、贫血的营养补充

一些女性天生怕冷,而且有贫血症状,所以要加强补充铁、叶酸和维生素 B_{12},为了使机体很好地吸收这些营养素,还要通过补充维生素 C 来促进吸收。补充叶酸和维生素 B_{12} 有助于在体内生成血红蛋白,增加红血球和血液量,从而使贫血症状得到改善。另外,为了促进机体组织血液循环的改善,还要注意补充维生素 E。

(五)预防骨质疏松症的营养补充

要预防骨质疏松,并缓解这一症状,要特别注重补钙,而且要通过补充维生素 K 来促进钙吸收。维生素 D 也有助于促进钙吸收,但尽可能通过晒太阳的方式来补充,必要时单独补充。

四、控制体重的饮食误区

(一)增肥的饮食误区

增重人士为了增加体重,大量饮食,不加控制,这样容易导致脂肪重量在总体重中的比例超过适宜范围,最后虽然体重增重了,但是机体却没有达到适宜的健康状态。因此,增重群体要认识到,增加瘦体重比增加脂肪体重更重要,在饮食方面可以适当增加饮食次数和饮食量,要从复合碳水化合物中补充热量,牛奶的补充量可适当增加,为了增加瘦体重,还要坚持进行负重肌肉锻炼。

(二)减肥的饮食误区

减肥人士必须认清一个事实,并不是饮食次数越少、饮食量越少就越有利于减肥,减少进餐次数和饮食量虽然短时间内能看到体重减少了,但是从长远来看,这不利于持续的减肥,也严重损害了身体健康。比如,不吃早餐是不利于减肥的。早餐时间一般比较早,如果在比较早的时间吃早餐,那么早餐中补充的热量一天时间基本可以完全消耗完,不会存储成脂肪。而如果不吃早餐,上午饥饿难耐,中午吃很多,那么补充的大量能量在这一天中没有充足的时间去完全消耗,这样就会储存为脂肪而存在于体内,造成肥胖。

第三节 健康促进的运动康复保障

一、健康促进的运动康复原则

(一)整体性原则

在运动康复锻炼或训练中要贯彻整体性原则,我们从来两个方面来解释这一原则。

第一，运动康复活动具有整体性，运动康复锻炼或训练体系是由多个要素组成的有机统一体，具体包括锻炼与训练的内容、方法、负荷、计划、效果等。这些要素相互作用，形成一个整体系统。在运动康复活动中要将这些要素的关系处理好，要有机整合这些要素，使其密切配合，最终取得良好的康复效果。

第二，运动康复锻炼或训练的目的与任务具有整体性，通过运动锻炼不仅要促进伤病康复，还要全面提高健康水平，包括身心健康、道德健康以及社会适应健康，最终达到全面康复与健康。

(二)区别对待原则

在运动康复活动中，要分析患者的实际情况，根据其伤病性质、特点及症状而"对症下药"，患有不同伤病的患者因为身体健康状况有差异，所以要采用不同的运动方式来促进康复，要讲求运动方式与伤病的适配性，要考虑运动方式是否会促进康复有重要效果，是否能达到最大化的康复作用。所以要针对不同的患者制订个性化的康复运动计划，使所有患者都能通过运动锻炼而早日康复，提高健康水平。

(三)循序渐进原则

不管患有什么伤病的患者，在运动康复锻炼初期，运动强度以小强度为主，随着不断的锻炼，身体慢慢恢复后，再调整运动强度，适当增加负荷和练习量，从而提高身心的适应能力。只有循序渐进地增加运动量和运动负荷，才能一步步实现健康计划，提高运动康复的效果，倘若在康复初期就采用大强度训练，则可能会使伤病症状加重，严重危害人体健康，甚至会有生命危险。

(四)最优化原则

运动康复的效果会受到一些因素的影响与限制，在康复活动中要综合控制与管理这些限制因素，对其进行优化调整与合理搭配，促进疗效的最优化，最大程度地提高健康水平。

在运动康复活动中要从综合视角和动态视角考察运动内容、运动方法、运动强度、运动效果等要素，力争通过整合而将他们拧成一股力量、形成强大的"合力"，这样才能充分发挥各要素的积极作用，使康复效果达到最佳。

在运动康复中贯彻最优化原则,要求从整体视角出发对运动康复锻炼或训练的任务予以明确,对康复活动中的各要素进行全面考察,并密切联系各个活动环节,有机衔接各要素,争取获得最理想的康复效果。

二、康复按摩

运动康复有多种方法与手段,如医疗体操、医疗运动、传统体育疗法等,医疗体操中又包括主动运动、被动运动等方式,医疗运动中包括各种项目,传统体育疗法中包括气功、自然力锻炼、按摩等。这里重点分析传统体育疗法中的康复按摩疗法。

按摩是运用各种不同手法作用于机体,从而提高身体机能,消除疲劳,治疗疾病的一种康复手段。康复按摩能够调节神经系统功能,增强人体免疫力及抗病能力,消除机体疲劳,减轻运动后肌肉酸痛症状,还能提高机体的环境适应能力,提升运动系统的功能水平,增强肌力和韧带柔韧性,消除运动性病症等。下面简单分析穴位康复按摩。

(一)康复按摩的常用穴位

1. 头部

头部常用穴位如图 3-1 所示。

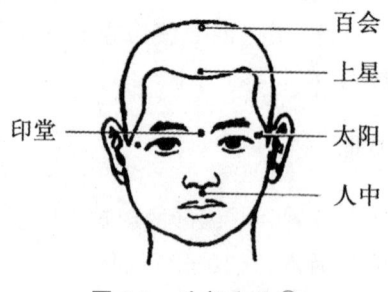

图 3-1　头部穴位[1]

---

[1] 姚鸿恩.体育保健学[M].北京:高等教育出版社,2006:27.

2. 颈、背、腰部

颈、背、腰部常用穴位如图 3-2 所示。

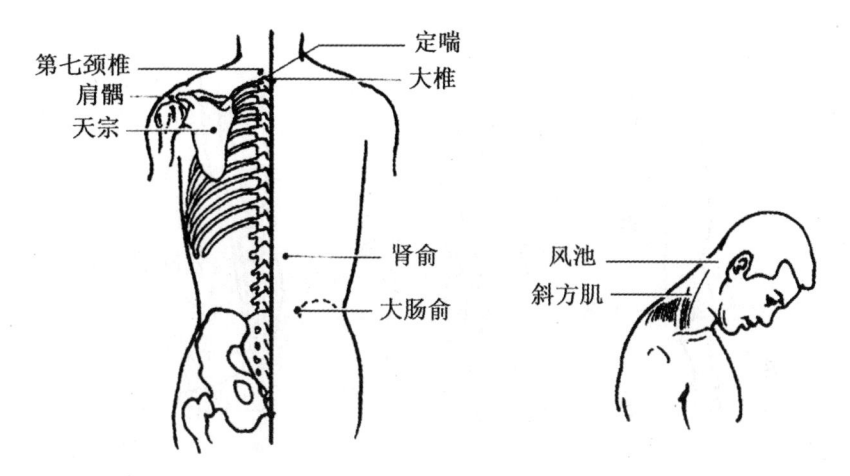

图 3-2 颈、背、腰部穴位

3. 上肢

上肢常用穴位如图 3-3 所示。

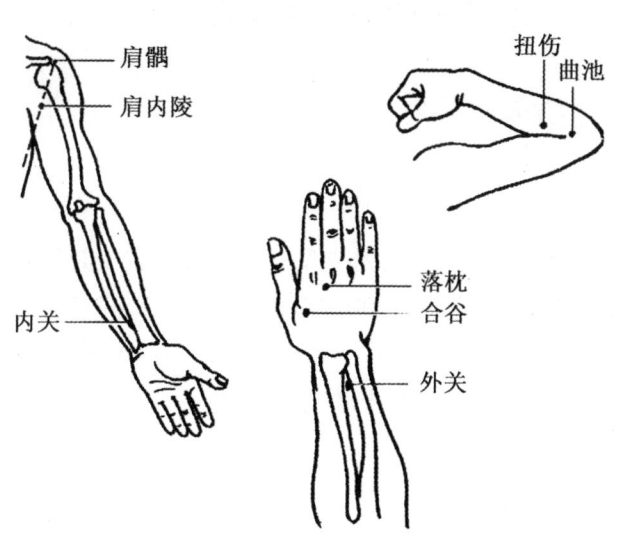

图 3-3 上肢穴位

4. 下肢

下肢常用穴位如图 3-4 所示。

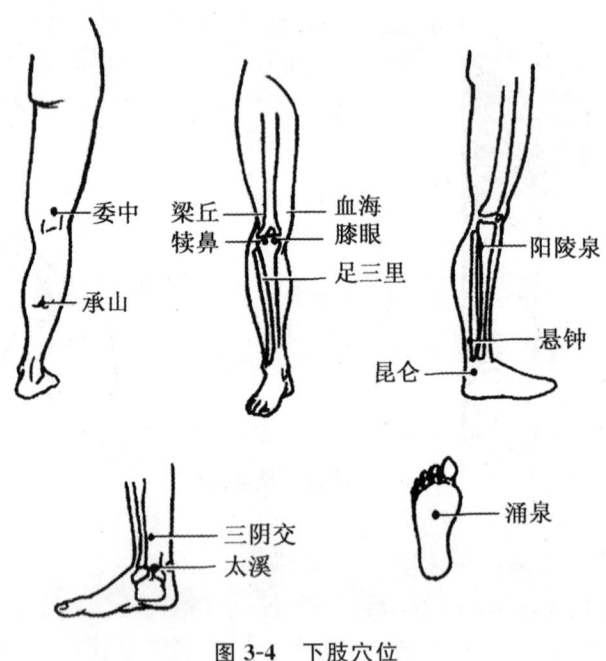

图 3-4 下肢穴位

(二)穴位按摩手法

1. 掐法

掐法是指用手指指尖压在身体某一部位或穴位上持续掐压。该按摩手法有较强的刺激作用,一般在中暑、晕厥、低血糖、休克、运动中腹痛、运动损伤疼痛等病症的急救中采用这一手法。用拇指掐时,其余四指握拳,拇指微屈与食指紧贴,以助发力,如图 3-5 所示。

2. 拿法

拿法是指用两手指端同时对向挤压两个对称的穴位或肌肉、肌腱的方法,如图 3-6 所示。拿法按摩的主要作用是通经活络、调节肠胃、缓解痉挛、消除疲劳、止痛开窍等。

图 3-5　拇指掐法① 　　　　　图 3-6　两指拿法

3. 啄法

啄法是指五指自然屈曲,以腕屈伸撮动带动指端着力,与按摩部位体表垂直,呈鸡啄米状的手法,如图 3-7 所示。该按摩手法具有安神醒脑、活血化瘀、解痉止痛等作用。

4. 振法

振法指的是指、掌附着在体表穴位,手臂肌肉静止性用力做上下快速震颤的手法。采用这一按摩手法时,频率要快,每分钟大约施振 200~300 次。主要作用是调理胃肠功能、通行腹气。采用掌振法时,用手掌掌面在头、腹、腰骶等体表部位操作,如图 3-8 所示。

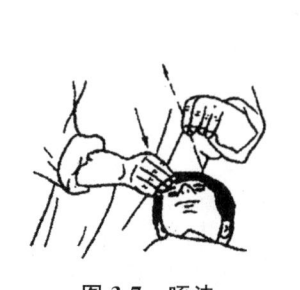

图 3-7　啄法 　　　　　图 3-8　掌振法

康复按摩图片来源于姚鸿恩《体育保健学》(2006)。

---

① 姚鸿恩.体育保健学[M].北京:高等教育出版社,2006:52.

三、常见病的运动康复方式

(一)高血压

高血压是一种很常见的心血管疾病,其指的是血管中血液流动对血管壁造成的压力值比正常值高。高血压患者有头晕、头痛、疲乏、心率失常等症状,该疾病也有可能引起心力衰竭、冠心病等严重疾病,所以一定要高度重视。高血压患者可通过运动锻炼的方式缓解症状,促进康复。

1. 运动方式

适合高血压患者的运动方式有以下几种。
(1)健身走、跑

刚开始健身走时,保持70~90步/分钟的速度,持续走的时间不能少于10分钟。适应一般速度后,步行速度逐渐加快,并在适宜坡度上进行上坡走练习。

熟练健身走的方式后,可逐渐过渡到健身跑。跑步时放松身心,有节奏地跑,注意调整好呼吸,以每分钟脉搏少于130次的强度为宜,运动后疲劳感不明显,头不晕,说明运动强度适宜。

(2)气功

进行方松功锻炼,上下肢都参与活动,活动幅度应大一些,肌肉张弛有节奏。

(3)太极运动

练习太极拳和太极剑,放松肌肉,适当增加肢体活动幅度,动作要有柔和感,不能僵硬,锻炼时保持头脑清净,不要有杂乱思绪。

2. 健身操编排

高血压患者参与健身操锻炼有助于降低血压,编排方式如下。
(1)坐立练习

屈膝坐在椅子上,两脚自然分开,大腿与地面平行。站立,然后坐立,反复练习。

(2)坐立扶桌练习

两脚开立,双手扶在桌子边缘,屈膝坐在椅子上,再站立,反复练习。

图 3-9　坐立扶桌练习①

(3)抬腿练习

坐在椅子上,两脚离地抬起,大小腿始终保持垂直,双手放在两个膝关节处,抬腿坚持片刻后落地,重复练习。

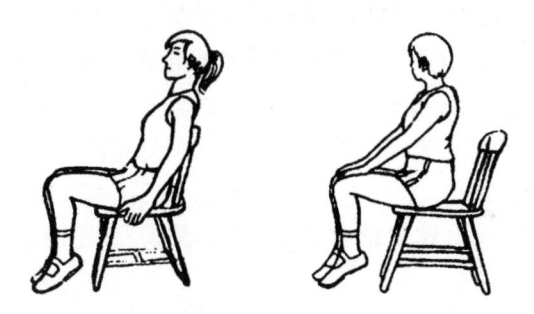

图 3-10　抬腿练习②

(4)仰卧坐姿

坐在椅子上,身体后倾靠在椅背上呈半仰卧姿势,一手臂放在异侧肩上,收腹坐起,然后再背靠椅背,重复练习。

3. 注意事项

(1)高血压患者要定期服药,在服药的基础上进行锻炼,通过适度锻炼减轻症状后,药量也可适度减少。

---

① 顾登妹,殷勤.运动健康促进与常见病管理[M].上海:上海教育出版社,2012:62.
② 同上。

(2)健康饮食,少油少盐。
(3)睡眠充足,提高睡眠质量。
(4)锻炼时保持愉快放松的心情。
(5)动作力度恰当,不宜过猛,注意调整呼吸,不要憋气。
(6)不宜参加激烈的对抗性活动。

(二)糖尿病

糖尿病是一种代谢性疾病,它是指患者血糖增高,伴有多饮、多尿、多食,体重减轻三多一少的症状的一种疾病。糖尿病患者还有软弱、乏力的症状,对正常生活造成了一定的影响。因此要注重运动康复锻炼,减轻症状,促进康复与健康。

1. 运动方式

适合糖尿病患者参与的运动方式有健身走、健身慢跑、骑自行车、医疗体操、太极运动、游泳等。患者要从自身情况出发选择自己方便参与的活动。这些活动方式中最常用且适用性最普遍的是健身走。

糖尿病患者足不出户也可以进行康复锻炼。可参考如下方式。

(1)提足跟

面向椅背,双手置于椅背上,左右交替提足跟,连续练习10分钟左右。

(2)抗阻运动

面向墙壁,两脚并立,上体向前倾,双手扶在墙壁上并适度屈臂支撑,保持15秒左右后还原,重复练习。

(3)爬楼梯

患者根据自己的体力情况而爬楼梯,速度不宜过快,注意调整呼吸,连续爬若干台阶后适当休息,爬楼梯过程中始终保持躯干挺直。

2. 健身操编排

适合糖尿病患者的健身操编排如下。

(1)坐姿抬腿(图3-11)

①在椅子上坐好,两脚并拢,两腿间尽可能不要有缝隙,双手在体侧置于椅子边沿,躯干始终保持伸展状态,双臂放松,保持身体平衡。

②腰腹发力屈膝抬腿,两腿上抬到最大限度时保持片刻,再缓慢还原。

图 3-11　坐姿抬腿①

(2)手臂负重后伸练习

①面向椅子,两脚开立,上体前俯至与地面平行,一手手掌撑在椅子上,手臂伸直,另一只手持适宜重量的物体,屈臂置于体侧。

②持物手手臂向后伸展至平行于地面,然后还原,反复练习。

图 3-12　手臂负重后伸练习②

(3)屈膝拉伸(图 3-13)

①面向桌子,背对椅子,双手置于桌沿,一脚后抬置于椅子上,另一脚支撑身体。

②支撑腿逐渐屈膝到最大程度,提升臀部,体会非支撑腿大腿根部肌肉拉伸感。

---

①　顾登妹,殷勤. 运动健康促进与常见病管理[M]. 上海:上海教育出版社,2012:64.
②　同上。

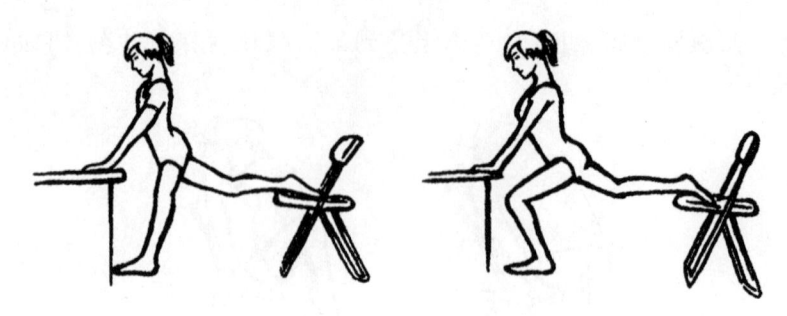

图 3-13　屈膝拉伸①

(4)腿部转动练习

①侧对椅子,两脚开立。靠近椅子的手将椅背扶住,靠近椅子的腿支撑身体重心,缓慢抬起远离椅子的一侧腿,抬腿后按顺时针方向转动,持续一定时间,体会活动腿腿部肌肉的紧缩感。

②按上述方法再沿逆时针方向转动腿部,转动幅度要达到自己的极限,两腿交替练习。

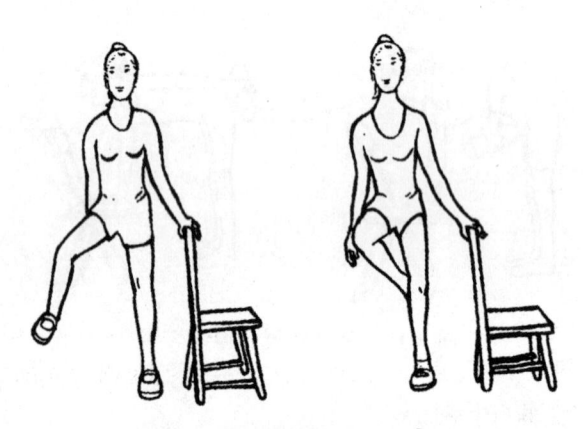

图 3-14　腿部转动练习②

3. 注意事项

(1)将运动疗法、控制饮食和药物治疗结合起来,合理安排。通常先实施饮食控制及药物治疗,待血糖和尿糖得到适当控制后再采用运动

---

① 顾登妹,殷勤.运动健康促进与常见病管理[M].上海:上海教育出版社,2012:65.
② 同上。

疗法。

(2)糖尿病人要在医务人员指导下进行运动,不要盲目运动,密切注意尿糖及症状变化。

(3)避免空腹及在注射药物 1~1.5 小时运动,以免引起低血糖反应。

(4)运动中易发生低血糖者,可将适当减少运动前的胰岛素剂量,或者在运动前后适当增加食物摄入量,在运动时随身携带易消化的食物,预防低血糖。

(5)不要在将要运动的肢体上注射胰岛素。

(6)运动量适宜,以免因过度劳累而引起酮症,加重病情。特别要避免参与短时间较剧烈的运动,以免刺激交感—肾上腺素反应,增高血糖。

(7)循序渐进地训练,逐步增加运动量,密切观察血糖、尿糖及症状的变化,不断根据身体情况调整运动方案。

(三)骨质疏松

骨质疏松症是非常普遍的一种骨骼疾病,这种全身性骨病的特点是因骨量低、骨组织微结构损坏而导致骨脆性增加,易发生骨折。骨质疏松症多见于中老年人,而且容易造成骨折,对身体健康的危害很大。骨质疏松患者除了要遵循医嘱补钙外,还要多采用运动的方式来缓解症状。

1. 运动方法

骨质疏松患者适合参加的运动项目有举重、健身走、健身跑、有氧操、登山、太极拳、游泳骑车等。其中最能够促进骨骼健康的运动方式是举重,其次是健身跑。这些运动方式比较安全,而且对锻炼骨骼有益。患者可以根据自身情况选择一两项进行锻炼。

除了上述运动方式外,还可以专门针对有骨质疏松症状的部位进行运动治疗,以促进骨骼健康。

2. 健身操编排

(1)肩部运动

通过胸部伸展练习促进上背部力量的增强。

坐在椅子上,两脚分开,上体挺直,目视前方,肘部弯曲。两臂以肩为轴向后移动到小臂平行于地面,保持5秒钟再还原,重复练习。

(2)肩背伸展运动

平躺在垫子上,屈膝至大小腿垂直,两臂向后举过头顶并伸直放在垫子上,背部与肩膀充分伸展,腹部肌肉收紧,接着手臂在垫子上移动至与肩在一条直线上,即两臂在体侧平展,保持片刻后还原,重复练习。注意呼吸的配合。

(3)上背抬起运动

俯卧在垫子上,将一个枕头垫在腹部下方,也可以根据需要将一个卷起来的毛巾垫在前额下。双臂在体侧贴近身体,腹部肌肉收紧,头颈部和躯干在一条水平直线上。肩部不要耸起,放松下垂即可,然后吸气,头和胸部用力抬高到最大限度,保持数秒,呼气,还原。调整呼吸后继续练习。

3. 注意事项

(1)空腹不宜锻炼,否则可能引发低血糖症状。

(2)患者根据自己的身体情况和运动能力来调整与控制运动强度,初步锻炼时每次不超过15分钟,之后逐渐延长到半小时到1小时。在长时间的锻炼中要有适当的间歇时间。锻炼频率以每周三四次为宜。

(3)循序渐进地锻炼,逐渐增加运动量、运动时间、活动幅度和范围,不要用蛮力,不要在没有安全保障的情况下盲目挑战自己的极限。

(4)需要固定的关节可以晚一些活动,其他关节可以早一些活动,以促进患肢的康复。

(5)卧床患者如果身体条件允许的话,要将药物治疗与运动疗法结合起来,促进早日康复。

(6)卧床患者可以坐在床上运动,不需要卧床的患者可以下地活动,但前提都是病情允许。

(7)将主动运动与被动运动结合起来,前者为主,后者为辅,根据康复需要而灵活安排比例。被动运动主要用于训练瘫痪肢体。

(8)借助沙袋、哑铃、拐杖、拉力器、牵引设备、助行器等器械进行辅助练习。

第四节　健康促进的医务监督保障

一、不同运动量的医务监督

(一)大运动量的医务监督

1. 急性运动

(1)主要症状

一次急性运动中,如果运动量太大,就会在运动中或运动后不就出现不适症状,如头晕、咳嗽、呕吐、呼吸急促、胸部疼痛,甚至丧失意识。

(2)主要危害

急性运动可能造成的危害是出现过度紧张的运动性疾病,如果运动量过大,也有发生猝死的巨大危险。

(3)预防方式

为避免上述症状发生,运动者需要从自身健康水平出发而制订适合自己的运动方案,合理安排运动负荷,并注意科学监控与调整。

在运动过程中要注重医学观察,中老年人尤其要注意在运动中观察自己的生理状况,出现不适症状后(如呼吸困难、恶心呕吐、剧烈咳嗽、身体乏力酸痛等)及时调整,减少运动量,必要时停止运动,以免严重危害身体健康,造成生命危险。

2. 常年运动

(1)主要症状

经常性的运动中,如果总是运动量过大,则会出现明显的不适症状,主要表现为无精打采、身体乏力、情绪不稳定、食欲下降、失眠多梦、遇事冷淡等。这些症状的存在严重影响身心健康和正常生活质量。

体征主要表现为心血管系统发生明显变化,集中体现在心率上。通过测心率可判断运动量是否过大。测心率一般在清晨测,身体成仰卧位,测晨起安静时心率,如果心率明显增加,排除其他原因后,说明运动量大,长期进行大运动量练习而造成了严重的运动性疲劳,如果不及时消除疲劳,疲劳的积累会给身心造成严重的危害。

(2)主要危害

运动量过大直接引起过度训练的运动性疾病,危害主要分下面三个级别。

①轻度。对神经系统功能影响大,症状为睡眠质量不高、头晕恶心、没有食欲、身体无力、不愿意活动、情绪不稳定、待人处事冷漠麻木,而且运动效果不佳。

②中度。上述症状更加明显,而且症状加重。

③重度。对各器官系统功能造成制约。

(3)预防方式

①保证睡眠

保证充足的睡眠可以促进机体免疫力的提升,可以使身体保持活力。因此要特别重视午休和夜间睡眠的质量。

②做好放松性整理活动

在运动结束后不要立刻休息,要做一些放松性的整理活动,这是完整运动训练或锻炼的重要组成部分。通过放松活动可以将乳酸代谢物清除,使能源物质恢复正常水平或达到超量恢复的效果,还能使血流量增加,促进血液循环,使疲劳症状早些消失。

③采用适宜的物理疗法

牵引、按摩、水浴都是比较适宜的物理疗法。

牵引肢体可以是人工完成也可以用器械辅助。

按摩同样有人工按摩和器械按摩两种方式。

水浴可促进血液循环,快速消除疲劳,要注意水温、沐浴时间等要素。一般以42℃为宜,一天沐浴2次,每次15分钟左右。

(二)适宜运动量的医务监督

1. 一次性运动

从健康的角度考虑,一次性运动中适宜运动量为心率小于150次/

分钟。如果运动量适宜,那么自我感觉除适度疲劳外,没有其他不舒服的地方。

测量运动心率可判断运动量水平。方法为计算[(运动后心率－运动前心率)/运动前心率×100]的值,计算结果与对应的运动量水平见表 3-1。

表 3-1 运动量水平判断①

运动心率计算值	运动量水平
<30%	小运动量
31%~50%	中运动量
51%~80%	较大运动量
>81%	大运动量

2. 经常性运动

经常性运动指的是每天运动或每周至少运动三次。经常运动的人,如果运动量适宜,那么就会感觉饮食、睡眠、排便、学习及工作都没有问题,这说明机体各系统组织都在正常工作。

3. 医务监督

(1)定期体检,及时发现运动禁忌症,如急性传染病患者,病后恢复期患者;高血压患者有心肾功能障碍者;急性消化不良、代谢不良而症状显著及有代偿障碍者。

(2)制定科学的健身锻炼处方,处方要有科学性、可操作性、个性化、实效性。

(3)在运动锻炼中合理补充营养,养成健康的饮食与生活习惯。

---

① 邱军. 运动损伤的预防与康复[M]. 北京:人民体育出版社,2006:65.

二、常见运动项目的医务监督

(一)足球运动

足球运动是很容易发生运动损伤的一个项目。外伤程度最轻的是擦伤,重的有骨折、脱位及内脏破裂。除一般常见的擦伤及挫伤外,踝关节的扭伤最常见,其次是大腿前后肌群肌肉拉伤、挫伤。膝关节损伤又次之。守门员因为扑球经常摔倒,所以很容易发生手腕及肘的创伤。除这些情况外,足球运动员又常因劳损发生慢性创伤,如踝关节创伤性骨关节病、趾骨炎及髌骨软骨病。

预防上述损伤,不仅要加强思想教育工作,强调全面训练及遵守训练原则,还要特别注意使用护肘、护膝、护腿、护踝等各种保护装置,训练和比赛时使用绷带裹脚踝,防止踝扭伤及"足球踝"。

(二)篮球运动

篮球运动中最常见的创伤是因跌倒、跳起抢球落地不正确、急停、急转、冲撞或因场地不平、场地过滑而引起的急性创伤。外伤最轻的是一点擦伤,重的则是骨折或脱位。一般较常见的有踝关节韧带的扭伤或骨折、膝部韧带半月板损伤、腕部舟状骨骨折。另外也可发生慢性损伤,其中最影响运动训练的是髌骨软骨病,其发生主要是滑步进攻与防守、急停与踏跳上篮等局部训练过多所致。预防这些损伤需要加强全面训练,避免单打一的训练方法,提高场地卫生条件,加强纪律教育及裁判工作。同时应防止过度训练,以减少发生创伤的可能性。

(三)滑冰运动

组织方法不当,场地、冰鞋等不符合卫生要求都会引起损伤。滑冰运动中比较常见的损伤是骨折、脱位及膝关节创伤。滑冰时因身体扭转而发生小腿及踝关节骨折,以及因摔倒双手扑地而产生前臂双骨折的情况很常见。预防这些损伤要加强对冰场运动环境的严格管理,如果冰场建在河上,要注意冰的厚度。在严寒季节应注意保温,防止冻伤。此外必须选用合适的冰鞋。

(四)滑雪运动

滑雪运动多在山地上进行,并且有从山上急速滑下和跳板滑雪等高难度动作,如果疏忽可致重伤甚至死亡。滑雪运动中最常见的是膝关节创伤、踝关节损伤。为了预防损伤,必须检查场地卫生条件,确保场地设备和用具符合规格。训练时,应先在小的跳板上进行,然后逐渐过渡到大跳板上练习。此外,滑雪中还常常发生冻伤,所以要在服装上做好防寒准备。

第四章　现代体育教育与健康促进的内容与策略

当前,人们对健康的重视程度不断提升,健康促进已经成为现阶段极为热门的课题。现代体育教育,其主要目的不仅仅是体育相关知识的传授和体育技能的学习,还涉及对健康的促进,这就将体育教育与健康促进有机结合了起来,这两者之间有着非常密切的关系。本章从生理健康、心理健康以及社会健康三个方面入手,对健康促进的内容与策略进行分析和阐述,由此,能够使读者对现代体育教育与健康促进的内容与策略有一个全面且深入的了解与认识。

第一节　生理健康促进的内容与策略

一、生理健康概述

(一)生理健康的概念

世界卫生组织(WHO)对健康概念的界定为:"健康,不仅指一个人没有症状或是疾病表现的状态,还是指有良好的生理、心理状态及社会适应能力。"其中的生理状态就是所谓的生理健康,可以将其理解为:人体生理功能上健康状态的总和。

关于生理健康的概念,已经由之前的"能够精力旺盛地、敏捷地、不感觉过分疲劳地从事日常活动,保持乐观、蓬勃向上以及具有应激能力"逐渐转变为"循环、呼吸系统、机体的各个器官、关节活动及肌力都达到最低正常水平"。

一般来说,人们所认为的生病,就是生理性的疾病,而导致人体生理性疾病的原因有很多,其中,阳光、空气、水、气候与季节、病菌及自然生态平衡等这些自然因素是客观存在且永久存在的。

这些自然因素对人体健康所产生的影响有两个方面:一方面,是积极性的影响,即为人体健康与生存提供必要的物质基础及生存环境;另一方面,是消极影响,甚至有可能是危害作用,不利于人类生存的发展。

目前由自然因素引起的人体受细菌或病毒感染,仍是对人类生理健康产生重要影响的主要因素。

(二)生理健康的标准

生理健康,某种意义上就是指身体健康。其衡量标准有以下几点。

1. 吃得快

吃得快,不仅仅是指吃饭的速度快,还涉及不挑食、不偏食,不会存在难以下咽的感觉。并且在吃完之后,会产生正常饱足的感觉,过饱或不饱都不属于吃得快的标准范畴。

2. 便得快

便得快,并不仅仅指大小便的速度快、时间短,而且还涉及大小便时有轻松自如的感觉,精神感觉良好。

3. 睡得快

睡得快,一方面是指睡眠时间适宜,不会太多也不会不足;另一方面是指睡眠质量好。

4. 说得快

说得快,并不单单指说话的速度快,还指说话顺畅,头脑的反应快于嘴巴说话的速度,且能表达清楚、准确。

5. 走得快

走得快,也不单单是指走的速度快,还涉及走的这一行动的自如、协调的,同时,能做到迈步轻松、有力,转体敏捷,反应迅速,动作流畅。

二、体育教育促进生理健康的内容

体育教育能够在很大程度上影响人的生理健康。也可以说,体育教育对生理健康有积极的促进作用。具体来说,体育教育对人的生理健康的促进所涉及的内容主要有以下几个方面。

(一)体育教育对全面生长发育的促进

通常,学校的体育课是在户外的环境中进行的,日光中的紫外线可以使皮肤中的一种物质转化为维生素 D,这对于人体钙磷的吸收是有促进作用的。在体育教学过程中,跑、跳等动作能够机械性地刺激骨骼的骨化中心,从而达到有效改善血液循环、促进骨骼生长的目的。

这里所说的生长发育,则主要就是所谓的机体生长。在经过一定的体育教育教学活动之后,会使肌肉的结缔组织不断增厚,肌肉的抗断能力增强,肌纤维增粗,肌肉的体积明显增大,使肌肉变得结实而有力,除此之外,在骨骼肌的血液供给方面也有显著的改善作用。

(二)体育教育对身体机能改善的促进

体育教育所包含的内容较为广泛,因此,其所产生的影响也是多元化、综合性的。其中,在身体机能方面所产生的影响主要表现为:促进血液循环,提高心脏功能,改善呼吸系统机能,提高神经系统的灵敏性,从而使身体机能得到全方位的迅速改善。

对于学校的学生来说,体育教学课不仅有理论知识的讲授,还有非常有趣的体育技能实践活动,这也是与其他课程的不同之处。在体育教学活动中,学生要积极参与其中,同时,体育教师则要积极引导并指导学生参与其中,从而起到有效锻炼和提升其耐力、灵敏性等方面的能力。

除此之外,处于学生时期的通常为青少年人群,他们的身体正处于生长发育阶段,身体机能发展水平还有很大的提升空间,因而适时、适量地进行全方位的身体运动对于学生身体正常的生长发育是非常有利的。比如,改善和提高中枢神经系统的功能,使人头脑清醒、思维敏捷,防止脑动脉硬化,维持大脑良好的血液供应,提高体温调节中枢的机能,增强人体耐寒耐热的能力;促进血液循环,提高心脏功能;改善呼吸系统的功能;增强运动系统的功能,为人的健康活动提供动力。

(三)体育教育对身体素质综合提升的促进

人体的运动能力是一项由多方面因素构成的综合性的素质,即综合身体素质的反映,所涉及的素质主要有力量、速度、耐力、柔韧性、灵敏性、协调性等。每一项身体素质都有其特定的发展敏感期,而在学生阶段,速度、灵敏性、力量、耐久力的发展速度都是最快的。由此可见,学生时期正是人的各种运动能力增长的最有效时期,通过体育教育教学活动,能够有效提升学生的运动能力。

(四)体育教育对环境适应能力增强的促进

适应能力,能够将个人机体的生理状况反映出来,体育运动能提高学生身体的适应能力。在长期各种气候和环境条件下进行锻炼,能改善有机体体温调节的机能,从而提高有机体对自然环境的适应能力。同时,由于体育运动能促进血液循环,加速新陈代谢,提高造血机能,因此,对病毒、病菌的抵抗力也会得到有效提高。学生通过体育教学得到了充分的身体锻炼,促进了心肺功能、耐力、肌肉的发展,学生的体质得到加强,机体的免疫功能和适应能力也将逐渐提高。

(五)体育教育对疾病防治与延缓衰老的促进

一些研究发现,通过体育教育教学活动,也能起到有效提升学生对外界的适应能力的作用,预防和治疗疾病,延年益寿。

在现代社会中,由于受到工作、学习和生活等各个方面的压力影响,人们将更多的时间用于其中,而能够用于体育运动锻炼、乐于用于体育运动锻炼的人数却并不占优势。人的身体机能和身体素质在中年以后就开始呈现出下降的趋势,但是,对于经常参与到体育运动锻炼中的人来说,其身体机能和身体素质的稳定程度会比较高,下降的速度也较为缓慢,这就起到了延缓衰老的作用。

三、体育健康促进生理健康的策略

(一)树立现代健康意识,提高对体育教育的重视度

意识是行为的前提,其会引导行为,因此,树立现代健康意识,对于学生来说是非常重要的。

在体育教育的过程中,体育教师一定要对学生体育运动锻炼意识的培养与建立、兴趣的提升有高度的重视,积极开展体育运动方面的思想教育,提高学生对体育运动锻炼的重视程度,通过积极的引导,使学生能够积极主动地参与到体育运动活动中,将体育教育在生理健康方面的价值充分发挥出来,最终促进学生良好体育锻炼兴趣和习惯的形成。

与此同时,体育教师还要对学生的生理健康状况及其对体育教育教学活动的兴趣有充分的了解和掌握,常识开发与学生生理健康有关的课程,将学校体育教育资源及地方特色体育教育资源、体质健康方面的医疗卫生资源纳入校本课程体系中并充分利用起来,开展思想教育和引导活动,确保学生对体育教育教学活动的重要性有深入的了解,明确良好的身体素质对其未来职业发展的影响,促使学生积极主动地参与到体育教育教学活动中,在趣味性较强的课程中提高体育运动锻炼的综合效果,也使学生的生理健康水平得到循序渐进的提高。

除此之外,对于学生来说,其也要从自身出发,积极主动地建立起增进生理健康的责任。要想成为一个对社会有用的人才,需要具备全面的素质。还要将自身在增进生理健康方面的责任和使命有深刻的了解与认识,从而有效增强他们对健康维护的自觉性与责任感。

(二)对生理健康的知识和相关行为方式有明确的认识

首先,作为学生,要想提升自身的生理健康水平,首要任务是要对生理健康的相关知识以及健康相关的行为方式等有充分的了解与认识。健康知识是体育教育教学的基础性内容,是体育教育教学活动开展的重要理论基础和指导,还有卫生保健知识和急救常识,也属于生理健康知识的范畴,除此之外,当今社会面临的各种生命科学问题以及随之而来的生物学伦理问题,也是需要学生了解的非常重要且必要的知识范畴。

第四章　现代体育教育与健康促进的内容与策略

其次,要对日常生活动那些不健康的行为与生活方式有所了解和明确。对于学生来说,他们对生活方式和行为方式的理解和界定往往都是具有模糊特征的,或者说无法对生活和行为的好与坏作出准确的判断。比如,吸烟、酗酒、饮食营养不均衡等都是坏的生活习惯和行为,是不利于生理健康的。这就需要他们通过生理健康方面的体育教育,来达到逐渐改变不健康行为和不良生活方式的目的,同时,也使由此而产生的对生理健康的伤害得到弱化或避免。

(三)遵循因材施教原则,强化体育教育生理健康提高方面的指向性

体育教育教学作用的发挥,是需要在遵循因材施教原则的基础上才能实现的。在体育教育教学过程中,体育教师要将提升学生的生理健康水平作为出发点,有针对性地开展体育教育教学活动,将增强体育教学与提高学生生理健康有机联系起来,确保将学生的身体素质提高作为核心对体育教学活动进行设计和规划,将体育教育教学的价值充分彰显出来,也使体育教育教学活动的综合效果得到强化。

在设计和选择体育教育教学内容时,体育教师要保证所选教学内容的丰富性和多样性,以此来将学生参与体育运动锻炼的兴趣激发出来,使学生养成良好的身体锻炼习惯,同时,也要对学生的兴趣特点和身体素质水平进行充分考虑,在此基础上,制定出具体且适合学生的针对性体育教育教学指导方案,突出体育教育教学在提高学生生理健康水平方面的重要作用,增强体育教学的组织成效。①

(四)不断探索新的体育教育模式与体系

关于体育教育在学生生理健康方面的成果,只有经过相应的衡量和检验,才能够进行评价的,通常衡量和检验学生生理健康教育的成果用到的标准和指标有很多方面,比如,所掌握的生理健康相关的卫生保健知识如何,养成了什么样的卫生习惯,形成的生活方式科学与否,是否已经有效改善了生理健康状况以及改善的程度是怎样的,等等。

---

① 王忠荣.简析体育教学中初中生体质健康水平的提升[J].青少年体育,2020(07):39-40.

除此之外,在学生生理健康教育过程中,为了保证教育效果的理想化,还要不断充实教育内容,改进教学方法,总结和交流教育经验,积极探索,从而将具有中国特色的学生生理健康教育模式和体系建立起来。

(五)多元训练,有效增强学生的身体素质

学生对体育教育教学活动的兴趣,并不是自然产生的,而是借助于一些因素产生的积极影响而形成的,比如,多元训练教学方法就是其中之一,由此,能够有效增强学生对体育教育教学活动的兴趣,使学生能快乐地参与到体育运动锻炼中,这对于学生终身体育意识的养成也是有利的。因此,在体育教育教学活动中,要求体育教师可以作出将室内、室外教学的多元训练有机地结合在一起,对学生实施有效的教学指导的尝试。除此之外,还可以尝试将民间体育游戏融入体育教育教学活动中,让学生在快乐的游戏活动中加强对自身体育运动技能的培养,从而增强体育教育教学活动效果,进而循序渐进地提高自身的生理健康水平。

在针对学生的多元化体育教育的实际训练过程中,体育教师一定要保证训练的目的性和计划性,训练的内容要涉及力量训练、速度训练和耐力训练等各个方面,从而为学生身体综合素质的逐渐提升创造良好的条件。

第二节　心理健康促进的内容与策略

一、心理健康概述

(一)心理健康的概念

心理健康与生理健康一样,都是健康的重要组成部分。关于心理健康的概念,《简明不列颠百科全书》中是这样解释的:"心理健康是指个体心理在本身及环境条件许可范围内所能达到的最佳功能状态,不是指绝对的十全十美状态。"由此,可以将心理健康理解为:是个体自我良好、对

环境适应良好的一种状态,是一种积极、丰富而持续的心理状态。

心理健康是一个相对概念,其与生理健康的一个显著差别就在于,其没有生理健康那种明显的生理指标。在现实生活中,心理异常与心理正常之间往往没有非常明晰的界限,二者之间没有不可逾越的鸿沟。一般来说,心理正常的人也可能有突然性、暂时性的心理异常,心理问题也是有存在的可能的。

马克思很早就对心理健康的重要性有了认识:"一种美好的心情,比十剂良药更能解除生理上的疲惫和痛楚。"这一观点在后来的临床实践中也得到了证实,即具有乐观、开朗、心情舒畅等良好心情的人,能够在人体的新陈代谢方面有积极的促进作用,还能使身体的抵抗力得到增强;相反,那些具有焦虑、忧郁、恐惧等不良心情的人,将使各器官功能受到阻抑,削弱其体质和抗病力。所以,保持良好的心理状态是维护身心健康的重要条件。

(二)心理健康的标准

1. 心理健康与否的判断原则

目前,关于心理健康的标准,还没有更进一步的探索和确定,没有达成共识。尽管如此,人们对判断心理异常与否的几个基本原则还是基本相同的,主要包含三个方面。

(1)心理活动要和现实环境和谐统一。

(2)心理活动本身要和谐统一。

(3)人格要相对稳定。

按照此原则,能对心理正常还是异常有明确的区分。

2. 马斯洛心理健康标准

关于心理健康的标准,心理学家都提出了自己的观点和看法。其中,较为具有代表性的是美国心理学家马斯洛提出的 10 条标准,这一标准得到了较多的认可。

具体来说,马斯洛心理健康标准主要包含以下几个方面的内容。

(1)有良好的适应能力。

(2)对自己的了解充分且透彻,同时能客观评价自身所具备的能力。

(3)所制定的生活目标与实际相符。
(4)没有从周围的现实环境中脱离出来。
(5)人格具有良好的完整性与和谐性。
(6)善于从经验中学习。
(7)能使良好的人际关系得到有效保持。
(8)在情绪上能做到适度宣泄,并进行有效控制。
(9)在保证集体利益的前提下,能将自身的个性适当发挥出来。
(10)在不违背社会规范的前提下,能适当地满足个人的基本需求。

需要强调的是,心理健康标准的这种常模是相对的,不是绝对的。众多学者所提出的心理健康的标准往往都是一种理想的状态,这种状态是很难达到的,因此,从准确的和角度上来说,心理健康标准是人们在心理健康方面努力的方向。

二、体育教育促进心理健康的内容

心理健康至关重要。保持积极的情绪状态,正确对待生活中不可避免的困难和挫折,将自己的潜能充分发挥出来,对于一个人来说是非常重要的。而要做到这一点,体育教育是非常有效的手段和途径。

具体来说,体育教育促进心理健康所涉及的内容是多个方面的,其中,较为主要的有以下几点。

(一)体育教育对智力发展的促进

相关的研究已经证实,体育教育教学活动的开展,能够提高脑力劳动的效率。除此之外,通过体育教育教学活动的开展,使神经系统对各种刺激的反应更加迅速、准确,为智力的发展奠定物质基础。

如果学生能够经常性地参与体育运动锻炼中,往往就能使大脑皮层的相关区域形成兴奋与抑制合理交替机制,使疲劳感降低,学习效率有所提升。而如果能够经常性地参与到体育教育教学活动中,能使自己的智力功能得到优化,其注意、记忆、反应、思维和想象等能力都会得到相应的提高。除此之外,还可以使其情绪稳定、性格开朗、疲劳感下降等,这些非智力成分也会在一定程度上促进人的智力功能。①

(二)体育教育对良好情绪体验获得的促进

情绪状态的好与坏,会作为重要的指标来对体育教育教学活动对心理健康产生的影响进行衡量。个体在复杂多变的社会环境中,常常会产生紧张、压抑、忧虑等不良情绪反应,而对于学生来说,如果能够积极参与到体育教育教学活动中,则往往能够使其从烦恼和痛苦中摆脱出来,降低应激水平,使处理应激情境的能力增强。

研究发现,经常进行体育运动锻炼,能使锻炼者的焦虑、抑郁、紧张和心理紊乱等消极的心理变量都得到有效的改善和调整,而愉快等积极的心理变量水平则明显要高一些。由此可见,体育运动锻炼在缓解和改善不良的情绪和心理状态方面有着显著的功能。

通过参加体育教育教学活动,尤其是参加那些自己喜爱和擅长的运动项目,会在身体完成各种练习的过程中、在与同伴默契配合的过程中、在与对手斗智斗勇的拼搏过程中或在征服大自然(如爬山运动等)中,得到一种非常美妙的快感和心理上的满足;同时,相互间的竞争以及对未来工作分配的担忧而产生持续的焦虑反应,也会因为经常性地参与体育运动锻炼而使自己的焦虑反应降低。除此之外,自尊心、自信心和自豪感也得到了相应的加强。

(三)体育教育对和谐人际关系形成的促进

人与人之间的沟通和交流,是情感互动的重要形式,但是,现代社会生活节奏的加快,使得这一现象较为缺乏。体育运动锻炼则打破了这种不健康的现象,其有效促使人与人之间产生亲近感,尤其是在竞争中,不同职业、年龄、性别、文化素质的人相聚在运动场上,使个人之间、集体之间的相互交流和协调更加频繁,是对个人心理品质严峻的考验和磨炼。研究发现,在体育运动锻炼的过程中,参与者之间都能够很好地进行相互之间的交流,所借助的手段可以是运动锻炼的任何一个方面。由此可见,体育运动锻炼能够有效促进人与人之间的交流,结识很多朋友,朋友间能和睦相处、友爱互助。因此,可以说,体育运动锻炼能使参与者心情

---

① 刘巍,黄元龙,王大贵.体育健康教育[M].哈尔滨:哈尔滨地图出版社,2009:62-63.

舒畅、精神振奋。

(四)体育教育对良好意志品质形成的促进

一个人的自觉性、果断性、坚韧性和自制力,以及勇敢顽强和独立主动的精神,就是所谓的意志品质,也可以将其理解为是一个人行为特点的稳定因素的总和。

在体育教育教学活动中,学生的情感体验往往表现出鲜明强烈、丰富多彩、紧张多变的显著特点,而且情绪的产生和变化会对身体各部分能力发挥产生直接影响,进而对运动成绩产生影响。在体育教育教学活动中体验到的轻松感、获得胜利的喜悦感,不仅能够使运动的强烈动机得到有效的激发,而且对于勇敢拼搏的意志的激发,也起到积极的促进作用,从而使运动技术得到充分发挥,进而取得良好的成绩。但是,如果心怀恐惧、情绪低落、缺乏信心,往往对学生技能的发挥产生不利的影响,从而导致其失败。因此,在体育教育教学过程中,学生要对自己的情绪和冲动进行有意识的控制,克服客观方面的困难,不仅可以集中注意力以取得好的运动成绩,而且可以锻炼个人坚持实现目标、克服困难的意志品质。

(五)体育教育对疲劳消除的促进

疲劳本身是一种由各种因素综合起来所形成的综合性症状,其中,人的生理和心理因素是较为主要的影响因素,当一个人的情绪消极,或任务超出个人的能力时,生理上和心理上往往就会有疲劳的情况产生,并且疲劳产生的速度是非常快的。对于学生来说,其学习压力大,这就会对其生理和心理造成一定的影响,身心疲劳和神经衰弱的情况往往就会发生。这时候,就需要进行良好的体育教育,在体育教育教学过程中,使学生的情绪状态能够得到调整和改善,进而达到身心放松的效果。

(六)体育教育对心理疾患消除的促进

体育教育活动包含着非常丰富的内容,这些丰富的内容,对于学生的心理会产生各种不同的影响。对于有心理障碍的学生来说,其所产生的积极影响主要表现为:能使其获得心理满足,产生积极的成就感,从而使自信心增强,摆脱压抑、悲观等消极情绪,并消除心理障碍。

第四章　现代体育教育与健康促进的内容与策略

根据美国的一项调查发现,1750 名心理医生中,80%的人认为体育运动是治疗抑郁症的有效手段之一,60%的人认为应将体育活动作为一个治疗手段来消除焦虑症。① 临床研究表明,慢跑、散步、徒手操等身体练习在减轻焦虑和抑郁症状方面有着显著的疗效,同时,还能使自信得到增强。除此之外,有关体育运动的心理治疗效应还反映在对精神分裂症、酒精和滥用药物、体表体型症状的研究等方面。

总的来说,体育教育教学活动还能有效促进智力的发展、情绪的调节、良好意志品质的培养、自我概念的增强、人际关系的改善、心理健康的增进等各个方面,使个体发挥最优的心理效能。

三、体育教育促进心理健康的策略

体育教育对学生心理健康是有着积极的促进作用的,这一点毋庸置疑,但是,如何做至关重要。下面就对体育教育促进心理健康所用到的相关策略加以分析。

(一)将体育教育与心理健康有机结合

对学生的心理健康开展教育,可以从心理学的专业角度出发,为学生作专业的心理辅导,这种途径往往是针对心理疾病较为严重的学生。而对于心理健康有一些轻微症状的学生来说,体育教育则是最为理想,也是应用最为普遍、效果理想的一种形式。从某种意义上来说,通过体育教育来维护和改善学生的心理健康状态,培养学生健全人格,开发学生心理潜能是非常有效的。

当前,很多学生对心理健康的了解还不够全面和深入,往往存在着片面的认识,这就需要通过课堂教学、讲座、宣传栏等方式,来对学生的心理健康相关知识进行普及,使学生能够了解自身的心理健康状况,并能积极面对自身存在的心理问题甚至心理疾病,从而便于寻求良好的途径来加以调整和治疗。

体育教育在学校中所处的地位越来越重要,其已经成为一种教育思想、一种教育理念、一种教育精神、一种教育追求、一种教育实践。由此

---

① 刘巍,黄元龙,王大贵.体育健康教育[M].哈尔滨:哈尔滨地图出版社,2009:67.

可见,树立一个全局观念,全方位渗透的体育教育与心理健康体系是至关重要的。

在体育教育的开展过程中,要求体育教师时刻关注学生的心理健康,并且成为学生心理的保健医生。要树立积极的人性观,用积极的态度理解和评价学生,对每个学生要有积极的信念,共建自信的课堂。

(二)建立一个科学合理的联动平台

将体育教育与学生的心理健康促进结合起来,已经成为当前非常关注的一个课题,而要想做到这一点,建立一个科学合理、持久运行的联动平台就成为必然,这也是学校管理部门的重要职责。

联动平台的建立,其主要目标在于培养学生"终身体育"意识,不断深化融合体育教育的内容与形式,做好体育教育活动与心理健康培育两者之间的互动,使学生的心理问题能够得到妥善解决,心理健康状况也能得到进一步的改善。

(三)通过体育教育的积极引导,使学生对心理健康有更深刻的感悟

在体育教育过程中,体育教师要全面且深入地了解学生的心理活动状态,重视并积极参与到学生心理问题的及时疏导工作中。日常要定期或者不定期地开展丰富多彩的体育教育教学活动和学术交流活动,通过形式多样、精彩纷呈的体育教育教学活动,构建良好的交流氛围,逐渐把学生的心理引导到热爱所学专业,开展问题研究,形成博雅的学人气质。对学生的一些不适宜的行为,应该多从心理入手,了解学生的兴趣、需要、认知特点和情感品质。

要采取积极鼓励的政策,来引导学生积极参与到体育教育活动中来,使学生在体育教育教学过程中的各方面价值和作用充分发挥出来,并且派有经验的教师给予一定的指导,教学生在学生体育教育教学活动中,磨炼意志、建立自信、体验合作与成功。

除此之外,还可以开展一些体育教育促进心理健康的活动,以此来将学生对心理健康的重视和对此项工作的兴趣有效激发出来。

(四)建立体育教育与学生心理健康发展联合培育模式

要想将体育教育与学生心理健康发展联合培育模式建立起来,需要

第四章　现代体育教育与健康促进的内容与策略

从以下几个方面着手。

1. 做好学校体育教育管理工作

在学校体育教育管理方面,要做好相关的工作指导,比如,借助各种方式和提劲,来将体育教育及心理健康等相关各部门之间互不干涉、互不联系的局面打破,促进这些部门之间的联系和沟通,为通过体育教育来促进学生心理健康创造良好的条件。同时,要进一步加强学校体育教育工作者、心理健康教育工作者、学生管理者之间的密切沟通,积极创新和寻找学生体育教育教学活动的新模式,使学生对体育教育活动的兴趣得到激发,有效提高他们参与体育教育活动的积极性和主动性。

2. 将体育教育时间充分利用起来

对于大部分的学校来说,其在体育教育方面所制定的学时都是非常有限的,而我们要做的,就是将这有限的体育教育时间充分利用起来,发挥其最大的功效。作为进行学生心理健康教育的重要阵地,学校在开展体育教育活动的过程中,要以此为契机,积极引导学生主动了解心理健康知识,了解自身的心理状况,学会主动寻求解决心理问题的渠道和办法,不断提升学生自身的心理建设能力。

3. 将体育教师的指导作用充分发挥出来

体育教师在体育教育过程中是处于重要的主导地位的,其所产生的指导作用非常重要,是学生学习的重要"灯塔"。在体育教育过程中,通过体育教师的课上指导,课下与学生互动,传播体育教育与学生心理健康的正向联系,向学生传授心理健康的基本知识和体育教育常识,通过积极的引导,使学生能够有意识地参与到学校体育教育教学活动中,从而为自身心理健康的促进创造有利条件。

(五)体育教育过程中积极开展学生心理咨询工作

体育教育过程中,要注重通过专业咨询人员运用心理学的理论、方法、技术,借助语言、文字等媒介,为学生心理问题的困惑进行专业的解答,使学生能够对自身的心理健康状况有一定的了解与认识,从而能够更好地借助体育教育的方式来消除心理障碍和心理疾病,维护和增进心理健康,促进个性发展和潜能开发的过程。

对于学校来说,要建立一定的学生心理咨询室,成为学生倾诉心声,减轻心理压力,获得心理帮助的精神家园,但是,这并不是专门的心理门诊。与此同时,学校还应设立心理咨询热线,建立心理档案,对学生提供心理健康方面的全程服务,这也为通过体育教育的方式来促进学生心理健康奠定了良好的基础。

(六)建立浓厚的学校体育文化氛围

体育教育中,一定会涉及体育文化的相关内容,这是非常重要的内容。学生本身在体育运动锻炼方面是有着良好的意识和积极的心态的,这就为体育教育活动的开展创造了有利条件。

从学校的角度来说,要与教育管理部门、心理健康教育部门、高校体育教育部门等联合起来,在学校的范围内有组织、有计划、有目的地开展课外体育活动,发展课余体育俱乐部和体育文化节,将体育教育教学活动融入学生的日常生活中去①,使他们带着浓厚的兴趣与爱好积极参与到体育教育活动中,提高参与体育运动锻炼的效果,这对于其心理健康的改进有着积极的影响。

(七)建立健全体育教育与心理健康融合的平台

当前,学生的心理健康问题已经成为一项社会性的问题,是普遍关注的重要问题,而建立健全体育教育与心理健康教育融合的平台刻不容缓。

从学校的角度上来说,要求相关部门必须高度重视学生的心理健康教育工作,通过积极创新、整合体育教育与心理学科,不断开辟新的路径与方法,使学生通过积极参与到体育教育教学活动中来达到有效提高自己的心理素质水平的目的,从而使自身身心达到和谐健康发展的效果。

---

① 郭连心,孙梦婕.体育锻炼促进大学生心理健康发展路径探究[J].黑龙江科学,2021,12(01):148-149.

第三节 社会健康促进的内容与策略

一、社会健康概述

(一)社会健康的概念

社会健康,通常也被称为社会适应,具体来说,就是指个体与他人及社会环境相互作用、具有良好的人际关系和实现社会角色的能力。

一般来说,社会健康有良好和不良之分。一般来说,良好的社会健康,通常会表现为:在交往中有自信感和安全感,与人友好相处,心情舒畅,少生烦恼,他知道如何结交朋友、维持友谊,知道如何帮助他人和求助他人,能聆听他人意见、表达自己思想,能以负责的态度行事并在社会中找到自己合适的位置。[①] 而不良的社会健康,则与这些表现都是不符的。比如,一个人在单位里,与同事关系差,与领导又处不好,经常抱怨工作环境太差,在换了一个单位后,人际关系依然紧张,这说明他的社会健康水平很低。

(二)社会健康的标准

社会健康与心理健康一样,都是没有客观的评价标准的,这一点与生理健康是截然不同的。

关于社会健康的标准,通过与国内外诸多观点的融合和提取,可以大致归纳为以下几点。

(1)交往中客观评价他人,取人之长,补己之短。

(2)有 1~2 个亲密的朋友。

(3)能接受与他人的差异。

(4)与家庭成员和睦相处。

---

① 刘巍,黄元龙,王大贵.体育健康教育[M].哈尔滨:哈尔滨地图出版社,2009:75.

(5)能与同性、异性交朋友。
(6)共同工作时,能接受他人的思想与建议。
(7)主动与人交往,有稳定而广泛的人际关系。
(8)当自己的意见与多数人的意见不同时,能保留意见,继续工作。

通常情况下,如果一个人的社会健康水平比较低,那么,其与他人交流时往往会表现为:只倾诉自己的不满,没有耐心听取他人的劝告或建议,拒绝从另一角度考虑问题;除此之外,还有可能有这样的表现:避免与他人接触,具有社交焦虑情绪等。这些情况,就需要对其社会健康问题进行调节和治疗了。

二、体育教育促进社会健康的内容

体育教育对社会健康有着积极的促进作用,这一点毋庸置疑,具体来说,体育教育对社会健康的促进所涉及的内容主要有以下几点。

(一)体育教育对价值观形成的促进

价值观,就是客体对主体的一种满足程度,使人们对客观事物有无价值或者价值大小的一种根本观点和评价标准。

体育教育本身,不管是理论还是实践方面,都能够起到充分发展学生个性,培养学生的组织性、纪律性、集体主义精神以及灵活的应变能力等作用。由此可见,体育教育的教育性特点是非常显著的。

在体育教育过程中,有些体育运动项目的参与是需要学生相互配合、相互信任、彼此合作和协调统一才能完成的。因而,由此便使得学生的个性和自我信心都得到了有效的增强,同时,集体意识也逐渐建立起来。

体育教育中的一些运动锻炼方式,往往同时具有休闲娱乐和严格、统一的比赛规则的双重特点,这就要求参与的学生具有良好的行为规范和组织能力。因此,这就赋予了体育教育对社会健康的促进作用。

此外,体育教育对学生价值的影响还体现在其他一些方面。比如,能够将付出与收获的关系体现出来,能够将平等体现出来,还能将和平的意识体现出来。

（二）体育教育对人际交往的促进

在社会活动中人与人之间进行信息交流和情感沟通的联系过程，就是所谓的人际交往。而体育教育活动的开展，往往能够对个体之间交往意识的培养和改善，交往行为的推动有着积极的影响。

研究发现，包括学生在内的个体，坚持进行体育运动锻炼的一个重要目的是与他人交往或参与群体活动。[①] 在与他人形成亲密关系方面，参与体育活动者要比中途退出者的优势更为明显。

还有一些研究发现，包括学生在内的青少年人群参与体育运动锻炼的程度与家庭成员、好朋友的参与运动程度有着非常密切的关系。从更加严格的意义上来说，好朋友对青少年参与体育运动的程度的影响是要大于家庭成员产生的影响的。另外，研究还发现，在个体参与运动程度方面，存在着性别上的差异性。通常，同性别家庭成员对青少年的体育运动参与程度的影响是要大于异性成员所产生的影响的。

由此可见，体育教育活动不仅能对学生社会交往活动产生积极的促进作用，而且其社会交往特性又会对学生参与和坚持体育运动锻炼中产生更强的吸引力。

（三）体育教育对自我意识、移情能力和社交技能改善的促进

在现代社会中人与人之间的交往表现得比较含蓄，自我意识水平在制约人际关系中的作用具有针对性。在体育教育过程中所形成的自我意识，在不断的运动实践中会成为调节自己行为的一种能力，将这种能力运用到社会交往之中，就可以对自己的真实面目和别人对自己言行的真实反映有一定的了解，从而达到有效提升自身社交技能的目的。

同时，在学校组织的体育比赛中，往往会出现因裁判员的错判而产生的情绪激动，因比分落后而急躁，或因胜利在望而放松警惕。因此，在体育教育过程中，要求学生一定要养成对别人或者对自己的情绪做出准确判断的能力，并及时克服这种情绪障碍。再将这种能力转化到社会交往之中，就能够掌握如何对别人做出恰当而又易被社会所接受的反应，

---

① 刘巍,黄元龙,王大贵. 体育健康教育[M]. 哈尔滨:哈尔滨地图出版社,2009:77.

使自我的社交能力得到进一步提高。

(四)体育教育对合作精神培养的促进

对于学生来说,要想在体育教育活动的参与过程中获得良好的表现和成绩,良好的合作能力是必不可少的重要素质。参与到体育教育活动中,特别是从事集体性的体育活动,需要你与其他学生通力合作,这不但能使集体的目标得以实现,而且个人的作用也能充分地发挥。

经常性地参与到体育教育活动中,特别是参与集体性的体育教育活动,对于学生合作意识的增强、团队精神的培养都是有所助益的。

(五)体育教育对沟通能力提高的促进

在体育教育过程中,每一个体育运动项目动作技术的学习都是在教师的讲解示范和学生的练习实践相结合中实现的,同时,也离不开同学之间的相互交流理解。

由此可以说,在体育教育过程中,技术动作的学习、错误动作的纠正、集体的协同合作都是在相互保持良好的沟通下进行的。这种沟通的方式具有显著的直观性、及时性和准确性,更重要的是其具有主动性,这就需要学生在学习过程中一定要保持高度集中的精神,积极主动地进行充分的信息交流。在这一过程中,能够有效提升学生的沟通能力,这对于良好人际关系的形成是有利的。

(六)体育教育对竞争意识形成的促进

竞争与合作,两者之间是相互对立的关系,而所谓的竞争,就是指为了自己的利益和需要而同他人争胜的行为。

在竞争的社会情景中,是一方的得益与另一方利益的损失,两者之间是此消彼长、同时进行的,而且个人对个体目标的追求程度高于对集体目标的追求程度。

在现代社会这个竞争日趋激烈的今天,努力培养竞争意识和能力,对于学生而言是有着积极意义的,对于其走向社会后能更好地适应社会是非常有帮助的。

体育运动本身具有对抗性,这也就赋予了其竞争性的特点。在体育运动过程中,竞争无处不在,这种竞争可能是对自己运动能力的挑战,也可能是与他人的争胜；可能是人与人之间的竞争，也可能是团体与团体之间的竞争。因此，在体育教育活动的竞争过程中，能够对学生自身积极进取、顽强拼搏的精神起到积极的促进培养作用。

（七）体育教育对身体语言的理解、使用能力提高的促进

在日常生活中，是需要借助于各种方式来进行沟通和交流的，言语表达是直接的方式之一，而身体语言也是不可或缺的一种方式。

人们的语言表达能力是随着人类文明的产生与发展而不断发展的，可以说，人们的语言表达能力也是在日常的生活、工作和学习中不断发展和提升的。

体育教育作为学校体育活动，其中包含着许许多多各式各样的实践技能，技术动作，因此，学生的身体语言表达能力在体育教育过程中得到有效的发展和提升。换句话说，学生身体语言随着劳动人民的创造和实践，也在不断地丰富其艺术表现的内涵，提高人的身体语言表达能力。

三、社会教育促进社会健康的策略

社会健康水平的高低会对人的身心健康产生相应的影响。一般的，社会健康水平低，往往因人际关系的矛盾而产生心理上的烦恼，并持续地出现焦虑、压抑、愤怒等不良情绪反应，不利于人的身心健康。因此，对于个体来说，发展和提升社会健康至关重要。而要做到这一点，主要采取的策略有哪些呢？

（一）通过"学生联赛"的形式开展体育教育

一般的，可以将"学生联赛"看作是一种新的教学模式，具体来说，这种教学模式为：学校举办、教师引导、学生参加，并在联赛中完成教学任务，提升学生的社会适应力，让学生的理论知识、实践技能以及社会适应能力得到有效结合，从而实现学生社会适应能力的提高。[1]

---

[1] 覃豪令.大学体育对大学生社会适应能力的培养[J].当代体育科技,2015,5(11):113-114.

学生联赛对将学到的知识引用到实践中是非常重视的,让学生以一个社会人员的状态去学习和工作,来有效检验学生所学到的知识和掌握的技能,同时,学生联赛还非常关注实用技能的构建、人与人的相处之道,使学生能够有效了解和认识合作的重要性以及规则的意义,这符合体育教育的要求,也为学生的长远发展奠定了基础。

总的来说,学生联赛是把学生从传统封闭式的体育课堂教学中解放出来,把课堂的定义延伸到教室之外的又一尝试,从而使学生和老师的良性互动的状态得以形成,是有利于学生社会适应能力提升的,这对于学生的社会健康水平提升也非常有帮助。

(二)促进和谐共进师生关系的培养

对于学生来说,体育教育往往带着一种死板、枯燥的色彩,因此,为了促进学生参与体育教育活动的兴趣和积极性,需要体育教师营造出一种轻松、灵活、传统有趣的课堂氛围。与此同时,平等交流的师生关系能使体育教师的亲和力得到提升,学生对教师的惧怕和生疏感会有所缓解,这些对于促进学生学习欲望的提升也是有帮助的。①

(三)充分充分发挥专业协会的职能

在体育教育过程中,要提升学生的社会健康水平,仅仅依靠体育教师和学生自身的力量是远远不够的。还需要借助其他方面的力量,比如,学生专业协会。学生专业协会是一种学术性的学生社团组织,具备完善的活动章程、众多的实习渠道、合理的组织结构,有专业老师的辅助和校方的支持,是学生接触社会的理想平台。②

为了提升学生的社会健康水平,可以委托学生专业协会这个平台定期举办一些体育活动,通过积极的鼓励政策你,来使参与其中的学生可以以教练、运动员、裁判的身份参与,让学生在参与协会组织活动的过程中,对专业项目的经典案例、前沿动态、理论有一个更深的了解。为了提升学生参与的积极性,可以定期选举协会的一些职务,让更多的学生有

---

① 彭龙. 浅论体育教学对学生创新意识及社会适应力的培养[J]. 才智,2016(17):54.
② 覃豪令. 大学体育对大学生社会适应能力的培养[J]. 当代体育科技,2015,5(11):113-114.

机会去感受不同职务的特点和职能,这对于学生参与体育教育的积极性和兴趣也是非常有帮助的。此外,学生专业协会还可以定期或不定期举办一些专题活动,组织学生参加全国性学校体育大赛;与校外企业合作承办校级之间的交流活动或专项课题等。以此,来达到有效促进学生社会交往能力的提升,提高社会健康水平。

(四)熟练掌握并运用良好的人际关系技能

对于学生来说,其社会健康水平与人际关系的好坏有着密切的关系。因此,掌握人际关系建立和优化的技能至关重要。

1. 沟通

沟通,实际上就是人们在思想、信念、观点等方面的所进行的交流。通过沟通,能够为人与人之间的相互理解、化解矛盾、缩短人与人之间的距离提供相关帮助,同时,也能提高自尊,降低应激水平,促进身体、情感、精神和社会等方面健康水平的提高,有助于更好地融于社会,并被社会接受。

一般的,人们所用到的最为普遍的良好沟通方式主要有盲语、手势、表情和行为等,沟通越多,建立诚实、理解和信任的人际关系的可能性就越大。

(1)交谈(语言沟通)

人们经常通过交谈的方式来进行沟通,但人与人之间的谈话与良好的沟通并不是等同的关系,因此,滔滔不绝的讲者和不知所云的听者之间是无法形成良好的沟通的。此外,努力延续交谈对于更好地沟通起积极作用。总之,要提高良好的沟通能力,就需要掌握一定的基本技能,并不断努力尝试更有效的沟通方法,才会形成良好的沟通风格。

(2)非言语沟通

除了交谈这一语言沟通的方式外,还可以用非言语沟通的方式,并且非言语沟通方式在交流中占到了大约90%的比重。当我们用声带说话的同时,还可以用面部表情、手、肩、腿、躯体、姿态进行交流。美国心理学教授阿尔伯特曾指出,形体语言是一种基础水平的交流,人们会不知不觉地作出反应,它是更高级的言语交流形式的基石。① 实际上,学会解读他人的形体语言更重要,形体语言比言语能够揭示出更多、更深的意义。

(3)听

听也是一种沟通方式,良好的沟通需要认真、真诚地聆听他人的讲话,努力去理解讲话者的真实含义。只有说和听配合起来,有效的交流才会形成,才会对人的社会关系的优化起到作用。

2. 妥协

妥协,实际上是人们之间通过彼此让步以找到合适解决问题的办法,并使大家都满意的一种行为。

3. 宽容

由于学生之间存在着个体上的差异性,这些差异性体现在生活习惯、个性特征等各个方面。要想同学之间建立起良好的人际关系,首先就必须承认和接纳个体间的差异,容许他人用不同的方式来表达自己的思想,表现自己的行为。

4. 合作

合作,就是人们为了达到共同的目的在一起工作或共同完成某项任务的行为。

体育教育中,绝大部分的集体体育运动项目及相关活动都是需要学生之间配合完成的,在这个过程中,就会对学生的合作意识和协作能力产生积极的影响。

5. 学会拒绝

对于学生来说,要想形成和发展良好的人际关系,首先要接受别人的想法和期望,但是,这并不意味着只要别人的建议都要全部采纳和接受,对于那些你不想做的事情或者不符合你的价值取向的事情,要学会拒绝,这就需要用到一些拒绝的技巧,从而帮助你摆脱窘境而不感到内疚,并保持与他人的交往。比如,诚实、友善和礼貌。

---

① 刘巍,黄元龙,王大贵. 体育健康教育[M]. 哈尔滨:哈尔滨地图出版社,2009:82-84.

第五章 健康促进的路径之学校体育教育

青少年体质健康是教育部门和全社会关注的焦点,学校是青少年学习和生活的重要场所,学校体育是学校教育体系中不可或缺的一部分,提升青少年健康水平是学校体育教育的重要使命。学校体育教育对改善青少年的体质,培养德、智、体、美、劳全面发展的人才以及推动体育强国建设都有着重要意义,因此要特别重视学校体育教育的发展,充分发挥学校体育教育的健康促进功能与价值。本章主要就学校体育教育这条健康促进路径展开研究,主要内容包括学校体育概述、当前学校体育教育发展状况、学校体育教育对学生身心健康发展的促进以及重点体育项目促进学生身心健康的方法指导。

第一节 学校体育概述

一、学校体育的地位

学校体育是学校教育系统中不可或缺的重要组成部分。开展学校体育工作,学生学习体育知识与技能,参与体育活动来锻炼身体,能够为学习文化课知识打好身体基础。而且在学校思想品德教育中,体育也有一定程度的渗透。可见学校体育在学校教育中的地位非常重要。

学校体育的独特性在于将身体活动作为教育学生的基本载体,增强学生体质是这种教育的基本目的,因此身体本身作为一种目的的存在是不可忽视的。体育是学校教育的基本手段之一,体育对人的教育不仅包括身体,还包括精神、心理等内在层面的教育,所以从广泛的视角来看,体育是一种全面教育手段。学校以育人为宗旨,体育作为身体教育的根本手段和全面教育的有效方式,自然占据着重要的地位。

  当前,在各级学校教育中,作为一门独立学科的体育已经成为主课。学校贯彻上级教育方针,积极开展体育教育,有关部门也将学校体育工作纳入国民体育工作体系中,强调通过开展学校体育教育而培养全面发展的现代化人才,提升中华民族的整体素质。当前,学校对体育教育越来越重视,通过体育教育而培养学生的健康体质、文化素质及道德素养,全面提升学生德、智、体、美、劳等综合素质,实现培养全面发展人才的目标。在学校办学与育人计划中,学校体育已经被列为重要工作。从宏观视角来看,全民健身事业的发展、体育强国战略的实施以及健康中国目标的实现都离不开学校体育这一重要基础。广大青少年学生是学校体育教育的对象,是未来中华民族繁荣发展的后备力量,通过学校体育教育,锻炼学生的强健体魄,培养学生的思想道德品质和精神品质,丰富学生的体育知识,提升学生的运动能力,使学生能够终身受益,并为未来从事国家建设工作打好身体基础。

二、学校体育的目的与任务

(一)学校体育的目的

  我国体育事业的发展以面向青少年而展开体育与健康教育的学校体育为基础,在我国体育事业的发展规划中,学校体育作为战略重点而倍受国家教育部门及体育部门的重视。当前,中国特色社会主义现代化建设对青少年的健康体质及综合素质提出了较高的要求,我们要立足国情和这一要求来确定学校体育的目的。基于对国情和社会发展需要的考虑,学校体育的目的被确定为:通过身体活动这一基本手段而促进学生体育与健康意识的提升,促进学生体育能力和运动锻炼能力的增强,使学生形成良好的健身锻炼习惯,促进学生身心健康和全面发展,为学生将来从事社会主义现代化建设事业而奠定良好的身体基础。

(二)学校体育的任务

1. 增强学生体质

学校体育的第一要务是增强学生体质,促进学生健康。国家建设与社会发展对学生的健康素养提出了较高的要求,要通过学校体育来适应新需求和满足新需求,强身健体的健康功能是体育的本质功能,通过学校体育增强学生体质就是要充分发挥体育的本质功能。

青少年学生处于身心发展的重要阶段,随着身心不断发展,生长发育越来越稳定和完善,生理机能水平日渐提升,身心适应能力也逐步增强,以旺盛的生命力和良好的精神状态投入学习中,表现出朝气蓬勃的美好一面。抓住青少年学生身心发展的关键期,把握好其身心发展的基本规律与特征,通过开展各式各样的学校体育活动、健康教育活动及卫生保健活动,培养学生的保健意识和锻炼意识,提高学生的身体活动能力和运动水平,改善学生的体质和身心健康水平,使学生养成良好的锻炼习惯、卫生习惯及饮食习惯,形成健康向上的生活方式,具备适应外界环境变化的能力和抵抗疾病的能力,以良好的身体素质和精神面貌投入到学习和生活中,并为社会化发展奠定基础。

2. 培养学生的体育基本素养和运动锻炼习惯

学校体育教育要传授基本的体育与健康知识及技能,包括体育知识、运动技能、运动方法、卫生保健知识与方法等。学生通过系统学习,树立体育与健康意识,积极参与体育锻炼,掌握运动技能,不断提高身心健康水平和身体活动能力,为学习与生活奠定良好的健康基础。另外,学生还要掌握必要的卫生常识和自我保健方法,提高自我保健与防护的意识与能力,将自我保健知识与技能运用到体育锻炼中,提高锻炼的科学性与实效性,实现健康成长与全面发展的目标。

3. 培养学生的思想道德素养

学校体育不仅要关注学生的身体健康,还要注重学生的心理健康、道德健康。从教育发展的历史来看,各级教育阶段中位于首位的始终是德育,智育、体育、美育都要让位于德育,而且德育在体育、美育、智育中也有不同程度的渗透,这是教育发展的历史经验,也是新时代培养全面发展型人才的基本要求。学校开展体育工作,也必须注重与德育的融合,重视德育在体育中的渗透,具体要求从体育的特殊性质出发,对全体青少年学生进行道德教育,将德育贯穿于学校体育的整个过程中,大力培养学生的道德素质,提升学生的思想境界。

学生参与学校体育活动,如上体育课或参与课外体育活动,要主动树立正确的体育观念,自觉提升自己的体育意识,坚定为建设祖国而锻炼身体的伟大信念,在体育锻炼中不畏艰难,坚持不懈,努力拼搏,在集体性运动中要团结友爱,互帮互助,取长补短,有集体主义观,形成优良的道德品质和美好的体育风尚。此外,还要通过学校体育对学生的自控力、自信心及创新能力进行培养,对学生的审美素养包括发现美、表现美、欣赏美、创造美等进行培养,使学生的道德、体能、智力、情感等得到全面发展。

4. 挖掘并培养学生的体育才能,提高运动能力

学校体育要面向全体学生开展体育工作,举办形式各样的体育活动,鼓励学生参与学校体育活动,并观察学生的运动表现,发现有天赋的好苗子,然后针对这类学生进行专门的培养与训练,挖掘其运动才能,提高其运动水平,为国家竞技体育培养优秀的后备人才。学校挖掘与培养有运动天赋的学生,要处理好培养对象文化知识学习与课余训练之间的关系,并处理好增强体能与提高竞技能力的关系,将增强体质和增进健康放在首位,在健康的基础上进行体育人才培养。

学校体育的首要任务是促进学生健康,明确该任务后,要采取有效措施来增强学生体质,促进学生健康发展,并在此基础上完成其他任务,最终顺利实现学校体育的目的。

三、学校体育的教育途径

学校开展体育教育工作,主要从开设体育课、开展体育课外活动、组织课外体育训练及举办课外体育竞赛等方面开展。有学者将这些教育途径总结为两类,一类是课内途径,即开展体育课教学;另一类是课外途径,即开展丰富多彩的课外体育活动,其中包括课余体育训练和比赛。

下面简要分析这两类教育途径。

(一)体育课教学

学校体育最主要的教育路径就是开设体育课,进行体育课教学。开设体育课也是学校教育部门的规定。学校体育课面向全体学生进行专门的系统的体育教学,按照教学大纲实施具体的教学工作,包括确定课程时数、选择课程内容等。体育课教学对教学场地、器材及授课教师的专业素养都提出了一定的要求,必须按计划与规定来配备教学设施和配置授课教师。要实现学校体育目标,就要加强体育课教学,提高教学质量。

(二)课外体育活动

课外体育活动有面向全体学生的早操和课间操,也有专门面向有运动天赋的学生的课余体育训练,还有面向体育爱好者的课余体育竞赛等活动。课外体育活动形式多样,内容丰富,对培养学生的体育兴趣和运动习惯以及增进学生健康具有重要意义。开展课外体育活动,要不断建立与完善课外活动制度,尤其要加强安全管理,保障学生的安全与健康。

第二节　当前学校体育教育发展的状况

一、学校体育教育理念的问题

我国学校体育教育理念从最初的身体素质理念、健康第一理念,到后来的愉快教育理念、终身体育理念,再到现在的多种教育理念并存,经历了深入了的改革与不断的发展。身体素质理念和健康第一理念都强调增强学生体质、增进学生健康的教育目的,愉快教育理念强调寓教于乐,培养学生的体育兴趣,营造浓郁的体育教育氛围,终身体育理念强调培养学生自觉的体育运动习惯。总体来看,虽然学校体育教育理念经历了多次变革,而且在每次变革中都强调增强学生体质和提高运动技能的重要性,但是忽视了对学生综合素质的培养和促进学生全面发展的目标,因而也制约了学生的全面健康与综合发展,并对学校体育教育质量造成了影响。

二、体育教学设施缺乏

高校实行扩招政策后,大学生数量逐渐递增,但是学校体育场地、器材等硬件设施并没有随着学生的大幅增加而明显增多,硬件设施的数量、质量与学生数量、需求不匹配,满足不了体育教育的正常需要,体育爱好者参与课外体育活动的需求也不能得到很好的满足,因此制约了学校体育教育活动的开展,影响了体育教育质量。

三、学校体育教育内容单一、方法陈旧

(一)教育内容的问题

田径、篮球、乒乓球等运动项目是学校体育教育中开展较多的项目,是体育教育内容的重要组成部分。青少年学生对这些常见的运动项目比较熟悉,所以没有太多的新鲜感,难以激发学习兴趣与热情。学校在引进新兴体育项目上不够积极,虽然有进一步丰富体育教育内容的意识与想法,但因为教学条件尤其是师资力量有限,因此也无法很快开展新的项目。单一的教育内容制约了学校体育教育的持续发展。

(二)教育方法的问题

从体育教育教学的方法来看,学校体育教育方法以传统教学法中的语言法和示范法为主,教学模式也以课堂灌输为主,学生处于消极的被动地位,主动性得不到发挥,积极性较差,而且师生之间缺少互动,课堂氛围不活跃,导致课堂教学效率低下,再加上学生课后不自觉巩固课堂所学技术,因此体质问题长期难以得到改善,运动能力也没有明显的提升。在教学方法创新方面,虽然游戏法、比赛法运用较多,但是存在形式主义倾向,游戏或比赛的设计缺乏实用性,学生参与这些体育游戏或比

赛,虽然获得了愉快的体验,但是增强体质或提升运动能力的效果并不理想。

四、体育教师整体素质不够高

社会的进步与教育的发展对体育师资的专业素质及综合素质提出了较高的要求,但目前来看我国体育教师队伍的整体素质有待提高,学历层次有待提高,知识结构有待完善以及业务能力有待提升。体育教师是在传统教育背景下成长起来的,虽然掌握了丰富的体育教育知识,也具备良好的技能素养,可以称得上是专业人才,但是并非一专多能型人才,综合素养较低,知识面不广,开展教育教学工作也以经验为主,缺乏创新。随着体育教育的深入改革与不断发展,体育与其他学科的联系越来越紧密,多学科交叉渗透的趋势越来越明显,这就要求体育教师除掌握体育学科专业知识外,还应掌握其他学科的基本知识,并能在体育教学中灵活运用多学科知识。显然,当前很多体育教师知识面受限,缺乏多学科融合教学的能力,正因如此,学校体育教育质量受到了严重的影响。

五、体育教育评价不够完善

当前,我国学校体育教育评价主要存在下列两方面的问题。

(一)体育教育评价指标单一

这里主要从下列三个方面分析体育教育评价指标体系的问题。

1. 教师评价

现行体育教育评价体系关于体育教师的评价过分强调对其科研成果的评价,如发表了多少论文,参与了什么科研工作等,而对体育教育质量本身没有特别重视,如体育教师的教学是否达到了增强学生体质和促进学生全面发展的目标,这样教育评价本身的导向功能就难以发挥,体育教师的教学工作也难以得到改进。

2. 学生评价

传统体育教育评价过分关注学生对技术动作的掌握情况和运动技能的提高情况,过多强调运动技能目标的达成情况,而忽视了学生的体质改善情况和体育学习与参与过程,也就是忽视了过程性评价。而且学校体育教育评价以期末考试的形式为主,考核形式单一,学生在期末考试中的运动表现并不能完全反映出体育教育工作的好坏,学生评价缺乏客观性和全面性。

3. 课程建设评价

现阶段关于体育课程建设的评价,主要依据一些量化指标来评价建设水平,如体育场地设施的数量、师生比例、课时数等,而关于各类课程资源的配置与优化问题却很少在意。

(二)没有充分利用评价结果来改善教育过程

体育教育评价具有反馈功能、导向功能和激励功能,充分发挥体育教育评价的这些功能,有助于及时发现体育教育取得的成绩与存在的问题,从而肯定体育教师与学生的努力与共同取得的成绩,并通过解决问题来提高教育质量。但当前学校体育教育虽然也开展评价工作,但是对评价结果的反馈性不够重视,为了评价而评价,形式主义严重,没有根据评价结果而积极采取措施改善体育教育工作,也未及时完善相应的配套机制,这样就导致体育教育评价失去了本身的意义。

第三节 学校体育教育对学生身心健康发展的促进

一、学校体育教育促进学生身体健康

(一)对大脑的促进

学生通过系统的体育学习,长期参与体育运动,不仅肺活量和心血管强于缺乏运动的学生,而且肌肉群会更加丰满、发达,这就给心脏提供了一个非常可靠的援助系统,同时也能满足大脑长时间工作对氧气、葡萄糖等能源物质的需求,源源不断的能量供应使学生在学习中头脑清醒、精力充沛、不易疲劳。

(二)对呼吸系统的促进

学生在学校经常参与体育锻炼能够增强呼吸肌的力量,增大肺活量,改善呼吸频率,最终提高与完善呼吸系统机能。缺少运动的学生胸廓活动范围小,呼吸短促无力,经常锻炼的学生随着呼吸运动的加强,腹肌、肩带肌、背肌等辅助肌都参加工作,使呼吸肌强壮有力,呼吸功能不断提高。

肺活量大的人,安静状态下是深而慢的呼吸,以这种呼吸方式为主的人在每次呼吸后的休息时间较长,不易疲劳,在轻度运动时呼吸短促、胸闷等现象不易出现,而没有良好运动经验的学生由于肺活量小,在运动时呼吸频率加快,结果导致呼吸肌紧张,容易早早出现胸闷、气喘等现象。所以说,体育教育能改善学生的呼吸系统机能。

(三)对消化系统的促进

运动体内新陈代谢增加,能量物质大量消耗,这就是需要消化系统发挥功能,更好地吸收营养,以满足机体需要。在神经和体液的调节下,人体消化系统的物理性消化和化学性消化加强,消化腺分泌的消化液增多,消化管道蠕动增强,促使食物更好地吸收。运动促进呼吸活动加强,横膈肌和腹肌的活动范围增大,对肝脏和肠胃起到按摩作用,有助于促进消化。

(四)对心血管系统的促进

在体育教育中,学生参加体育活动,由于心肌经常收缩,增加了血流量,心脏功能所需氧气和其他营养物质得到充分供应,心肌纤维变粗,心脏容量增加,这对维持心脏的功能有很大作用。学生参加有氧运动还可以防治心血管疾病。

(五)促进消除疲劳

"疲劳"是一综合性症状,与人的心理和生理因素有关,若活动时情绪消极,会很快产生疲劳;若保持良好的情绪和中等强度的活动量,就能减轻疲劳,而且通过体育活动能提高最大吸氧量、最大肌肉力量等生理功能,从而减少了疲劳的出现。[1]

总之,学校体育教育对学生的身体健康具有重要影响,学生经常参与体育活动,养成良好的体育锻炼习惯,能够提高健康水平,保持活力,为学习与生活奠定良好的身体基础。

二、学校体育教育促进学生心理健康

(一)释放压力,消除不良心理

当前社会竞争十分激烈,学生群体承受很大的压力,这不利于学生形成与保持健康心态。学校体育教育能够帮助学生通过适度运动的方式释放压力,进而消除不良心理状态,提高学生健康水平。学生参与学校体育活动,有利于促进中枢神经的兴奋,进而刺激大脑皮层分泌多巴胺,进而产生愉悦感,从而有效抑制与抵抗不良心理状态的蔓延。

(二)增加自信,提升学生心理素质水平

在体育教学过程中,通过合理开展相关体育活动,有利于帮助学生在体育活动实践中获得成功的体验,从而强化学生的自信心,提升与优化学生的心理素质。在体育教育过程中,体育教师可以为学生营造良好的自我价值实现环境,帮助学生合理消除烦恼、孤独以及焦虑等负面心理,从而促进学生心理健康。

(三)培养集体意识,树立正确的价值观

在学校体育教育过程中,通过开展集体类体育活动,有利于促进学生之间的交流沟通,改善与增进同学之间的关系与友谊,从而营造良好

---

[1] 葛新.北京高校青年教师身体健康状况与体育锻炼的研究[D].北京:北京体育大学,2006.

的班级氛围。学生在参与体育活动的过程中通过人际交往,可以在集体中更真切地感受到良好关系的重要性,进而满足在心理方面的情感需求,以促进健康心理素质的提升。

(四)促进个性化发展

体育教育中很多运动项目都十分考验学生的耐力和意志力,在教育教学过程中,教师组织具有一定挑战性的体育运动,可以有效培养与提升学生的意志力,如组织篮球比赛、4×100米接力赛、1500米长跑等,秉着公平、公正的原则鼓励学生参加这些活动,使学生勇敢挑战极限、超越自我,在实践中锻炼学生的意志力,提升学生的抗挫折能力,培养学生面对失败的良好心态,使其形成勇敢果断、坚毅顽强、不轻易言败的良好意志品质,并对学生公平竞争、团队协作、开拓进取的精神进行培养,以充分提升学生的心理素质,促进学生个性化发展。同时,学校开设内容丰富的体育选修课,学生自主选择自己感兴趣的运动,发挥自己的优势,弥补自己的不足,以促进自身的个性化发展与综合素质的全面提升。

(五)提升适应社会能力

学校是一个微型社会群体,学生在该群体环境下学习与生活,能够锻炼适应性,提升适应能力。心理适应能力主要是对人际关系的适应能力,很多学生之所以有心理疾病,主要是因为人际关系失调而导致的。在体育教育过程中,教师通过以班级为单位组织丰富多彩的集体性体育活动,使学生的人际交往呈现出群体多向性。学生在参与活动时,不仅可以培养团结协作的精神,同时还能提高适应能力,为学生以后适应真实的社会环境打好基础。

从社会文化视角来看,竞技体育与体育竞赛实际上是社会的生产及生活的模拟,体育精神可以充分映射学生的现代社会精神,并且从本质上来看,许多体育教学内容也是社会生活的缩影。学生参加这些体育活动中,从中体验成功与失败,发挥优势或补充劣势,再加上教师的引导和教育,能够使学生正确认识体育、生活及社会,这有助于陶冶学生的情感,引导学生树立正确的价值观。[1]

---

[1] 吕伯文. 校园体育教育对学生心理健康的影响研究[J]. 文化创新比较研究,2020,4(20):31-33.

三、加强学校体育教育改革,促进学生身心健康发展

(一)重视学生的主体地位

素质教育理念强调充分尊重学生的主体性,在教育中激励学生发挥主体性,并促进学生主体性的不断完善。素质教育是学校体育教育的基本理念,在素质教育理念的指导下对学生的体育参与意识进行培养,引导学生从自身情况出发选择自己感兴趣的或擅长的体育课,并鼓励学生多组织与参与课外体育活动,使学生的主体性在各方面都得到充分发挥,并使学生在发挥主体性的同时提升自我意识,养成良好的运动习惯,将运动锻炼作为自主生活的主要内容之一,并能确立终身体育锻炼的长远目标。在学校体育教育中重视学生的主体地位,需要及时转变教育理念,不断更新与完善教学制度,并加大相关制度与政策的践行力度,学校有关部门及工作人员要共同努力来执行制度,完善素质教育目标,促进学生健康成长与全面发展。提高学生的身心健康水平是每一位教育工作者的重要使命与责任,在学校体育教育中要不断加强教学理念的更新,在科学的新的教育理念下做好体育教育工作,发挥体育教育的健康功能,提高学生的健康水平。

(二)丰富与完善体育课程体系

现阶段,分项教学体制在一些高校已经开始实施,但在该体制的实际运行中,很多学生因为限制条件过多而不能自主选择感兴趣的项目,而且以集体授课为主,分层教学落实不到位,使体质和运动能力好的学生"吃不饱",体质差和缺乏运动基础的学生"完不成",这对先天体质较差和对运动不敏感学生来说无疑是很大的打击。对此,学校应进一步拓展与完善体育课程体系,开展丰富多彩的运动项目,使学生能够根据自身条件选择项目,并使考核标准与学生身体条件及原有运动基础相联系,这样既能使学生获得成功的体验,又能够鼓励学生的进步和提高,从而激发学生的运动自信心,使各层次学生都能进一步发展。

(三)组建体育协会,开展课外体育活动

高校体育协会相对较多,但参加人数还是很少,坚持锻炼的学生少之又少,学校应鼓励骨干教师参与协会活动,对学生的课外体育锻炼进行指导,并定期评比,建立公开评分体系,并在场地和设施上给予大力支持,让学生自主制定规章制度,通过各种形式吸引学生参与协会活动,这不仅可以提高体育教学效果,激发学生的运动兴趣,培养学生的体育锻炼习惯,也能全面提高学生的综合素质,发展校园体育文化,促进校园体育文化的多元化发展。

(四)创新体育教育模式

1."动机-四性"教学模式

在学校体育教育中,学生的动机水平直接决定其运动行为的选择、实施及保持。培养与提高学生的体育学习动机与运动参与动机非常重要,在体育教育中教师应将激发学生的动机作为重要任务而重视起来。如果能成功激发学生的学习动机,提高学生的运动参与兴趣,那么在体育教育中将可能取得事半功倍的效果。

体育教育中认识到培养学生学习动机与运动参与动机的重要性后,要选择健身价值突出、具有一定竞争性并且充满趣味的运动项目或体育活动作为教学内容,而且所选内容应该是丰富多元的,要使学生能根据自身情况而自主选择,使学生发挥自己的主体性。基于这一认识,有学者构建了"动机-四性"教学模式,其中"四性"包括健身性、趣味性、竞争性以及选择性。实施该模式,能够培养学生的身心健康素质,增强学生的竞争意识与竞争力,丰富学生的情感体验,充分发挥学生的自主性。在该模式下进行教学内容的设置时,要体现对不同级别班级学生的不同要求,根据不同班级学生的实际水平而确定有层次性和级别性的教学内容,并注意从初级班到中级班教学内容的过渡性与连贯性。要注意初级班和中级班教学内容的选择体现层次性和连贯性。对初级班学生和中级班学生采用不同的教材进行教学,教材要有难易之分,要尽可能选择实用的教材和教学内容。

在"动机—四性"教学模式下将体育教学过程划分为四个环节,第一

环节是诊断,该环节主要采用讲解法与示范法教学,学生主要进行思考性学习;第二环节是引导,以教师指导与帮助为主;第三环节是互动,强调师生交流,教师及时指出学生的错误并帮助改正,第二环节与第三环节学生以合作学习为主;第四环节是竞赛,通过竞赛的形式考评学生的学习情况,学生主要进行对比学习,这一环节能够培养学生的竞争能力。"动机-四性"教学模式在体育教育中的实施程序如图 5-1 所示。

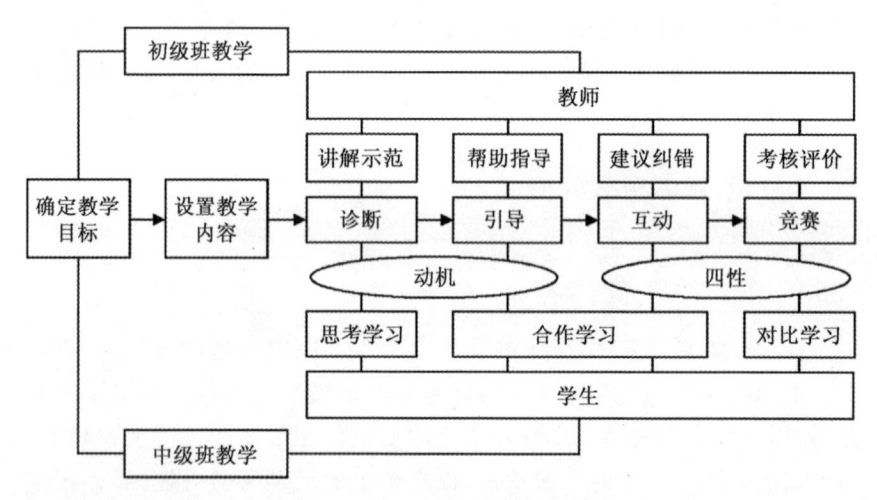

图 5-1 "动机—四性"教学过程[①]

在体育教育中采用传统的教学模式虽然也能达到教育目标,完成教育任务,但是教育效果却不是令人十分满意。传统体育教育模式对所有学生都提出了统一的要求,忽视了学生的个体差异,包括体质差异和运动能力差异,而且也不重视学生自主选择的权利,学生没有空间发挥主动性,被动学习的效果并不理想。"动机-四性"教学模式基于对学生个体差异的考虑而进行分级教学,在教学中教师要做好正确的演示或示范,在示范中配合讲解,对技术动作的特点和规律进行讲解与分析,使学生对所学技术的知识信息有直观的认识与了解。学生在练习时,可以自主练习,也可以与同学进行合作练习或集体分组练习。在学生自主练习或小组合作练习时,教师为学生提供关于练习内容与练习方法的自由选择空间,使学生选择适合自己的练习内容。关于练习方法的设计与选

---

① 沈浙. 以发展学生身体健康素质为培养目标的体育教学模式的研究与实践[J]. 运动,2014(06):35-36+115.

第五章　健康促进的路径之学校体育教育

择,教师要给予指导与帮助,学生在教师的引导下重复练习,最后达到自动化熟练程度。经过一段时间的教与学,教师组织简易比赛来考查学生对运动技术的掌握情况,并客观评价学习成果,及时反馈和改进教学。

"动机—四性"教学模式充分尊重学生的个性,为学生发展个性与自主学习提供了自由空间与良好平台,使学生通过自主学习、选择式学习、合作学习而发挥能动性,培养合作能力与竞争力,帮助学生增强自信,形成体育学习与体育锻炼的持久动力,这对于促进学生身心健康与社会适应能力的提升具有重要意义。

2."拓展游戏"教学模式

体育与游戏本身就有很深的渊源,将体育教育与游戏结合起来,以游戏的方式组织体育教育,有助于吸引学生参与,提升学生的学习兴趣,活跃课堂氛围,提高教学效果。因此在体育教育中应将"拓展游戏"教学模式运用其中,充分发挥该模式在增强学生体质和培养学生良好行为习惯方面的积极作用。

下面具体分析"拓展游戏"教学模式在体育教育不同方面的运用。

(1)在学生体质锻炼中的运用

青少年学生体质健康水平整体较差是不可分辨的事实,这从学生体质测试成绩中能够很直观地体现出来,而且从学生参加军训时意外事故频发的现象中也能反映出来。学生体质健康水平不高与其缺乏锻炼有直接的关系。学校体育教育是促进学生健康成长的重要教育课程,但很多学生对体育课没有很高的兴趣,而且课余生活中也缺乏锻炼,再加上体质锻炼类内容在体育教学内容中的比例远远不及具体运动项目的技能类内容比例,因此学生的身体锻炼得不到保障,最终导致体质健康状况令人担忧。要改变这一情况,就要注重培养学生的体育兴趣和运动参与积极性,游戏迎合了青少年学生的心理需要,对青少年学生的吸引力很强,采用拓展游戏教学模式能够有效培养学生对体育课的兴趣,使学生在体育课上从"被动参与"转变为"主动学习",而学生积极地参与身体素质锻炼,将有助于改善身心健康状况,提高身心健康水平。

(2)在规范性教育中的运用

游戏都是有规则的,教师设计游戏时,一定要制定明确的游戏规则,提出游戏要求,并说明奖惩方式,强调学生在游戏活动中要自觉遵守规则,按要求完成游戏,并在游戏结束后接受奖励或惩罚。这有助于对学生的规则意识和良好行为习惯进行培养,提高学生遵守纪律的自觉性,这对学生思想道德水平的提升具有重要意义,而道德健康也是健康的一部分,是学生全面健康的重要组成部分。

(3)在课堂结束部分的运用

完整的体育课堂教学由准备部分、基本部分和结束部分三个部分组成,其中结束部分主要是让学生做一些放松性的整理活动,以达到消除疲劳、恢复身体机能的效果。放松活动的形式有很多,而游戏类放松活动对学生而言更有吸引力,学生更愿意以参与游戏活动的形式来结束整堂课。教师设计一些丰富有趣的游戏活动,使学生在游戏中放松身心,调节身体机能与心理,达到消除身心疲劳和提高健康水平的效果。

采用拓展游戏教学模式,对体育教师的游戏设计能力和运用能力提出了较高的要求,在选择游戏时,要考虑游戏的可操作性,要根据教学条件选择操作性强的简便易行的游戏,要尽可能将现有场地器材资源充分利用起来,同时体育教师也可以与学生共同制作一些简易教学工具来满足游戏之需。游戏活动以中小强度为主,否则无法起到缓解身心疲劳的效果,如果强度太大,也会打击学生的参与积极性。另外,体育教师要基于对学校教学条件、客观环境及学生实际情况的考虑而选择与设计教学游戏,提高游戏设计的客观性、科学性和实效性。

3. 线上线下混合教育模式

现阶段,线上教育已经成为一种趋势,尤其是在疫情期间,网课已成为各级各类学校上课的主要方式。但线上教育不能取代线下教学,尤其体育课是需要学生身体参与的特殊课程,因此线下练习与指导非常重要。对此,应将线上教学与线下教学有机结合起来,构建混合式体育教育模式,如图5-2所示。

开展体育在线教育,需要将以下工作做好。

首先,建立体育教育资源库,不断更新与完善资源库,从中对适合线上教育的内容进行筛选,并从教学实际出发开发校本在线教学内容资源。

其次,将学习任务发布给学生,学生在线提出问题,教师给予指导,要提高时效性。

第五章 健康促进的路径之学校体育教育

图 5-2[①]

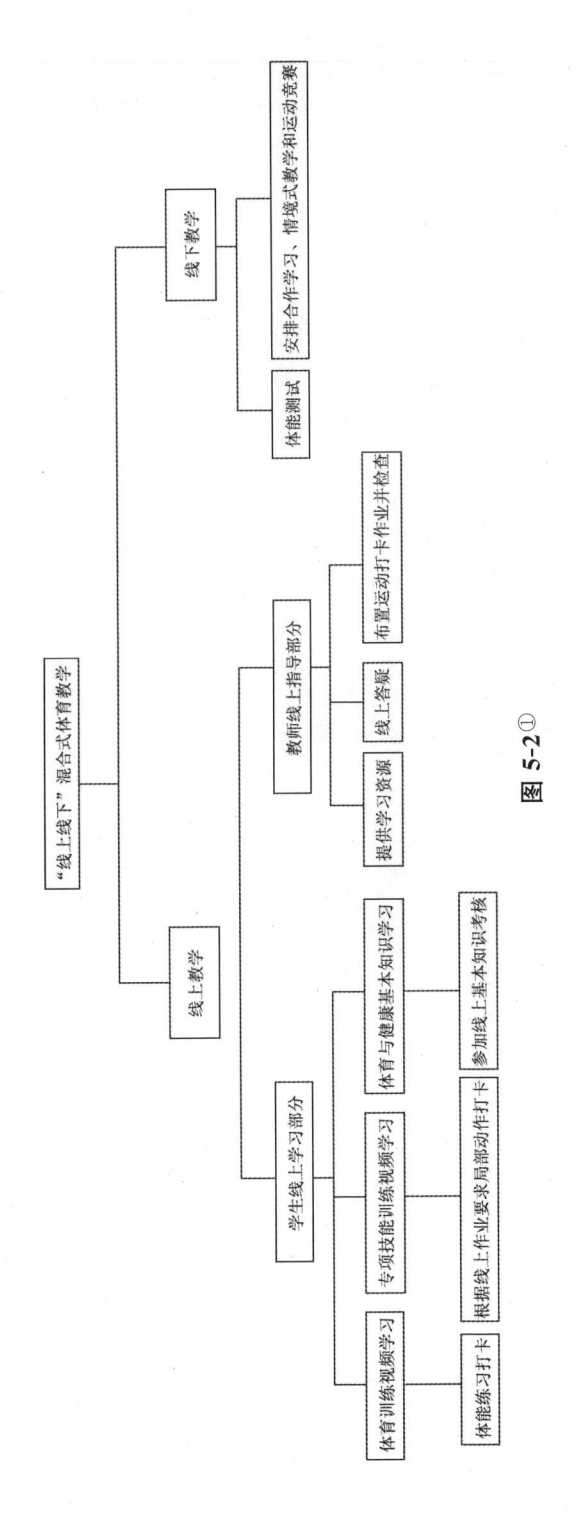

① 鲁雷,席玉宝.中小学体育课程混合式教学模式的困境与突破[J].牡丹江师范学院学报(自然科学版),2021(01):77-80.

最后，学习体育与健康知识，学习运动技能以及进行身体素质练习是学生在线学习的主要内容，教师要对学生的学习情况进行监督与检查。

经过线上教学后，要采用线下教学的方式来检验学习成果，并在线下进行情境化教学，以补充线上教学的不足。线下教学也有助于学生之间及师生之间面对面沟通、互动，交流学习经验，同时为学生合作学习提供良好的机会。在线下教学中，教师可以给学生近距离示范正确的技术动作，并指出学生的错误动作，帮助学生及时纠正。此外，教师也可以测试学生的体能水平，并组织简单的教学比赛来评价学生的运动技能水平。

第四节 重点体育项目促进学生身心健康的方法指导

一、促进学生身心健康的篮球健身方法指导

学生经常参加篮球运动，能够使肌肉结实，体格健壮，促进身体素质的发展；能够改善器官功能。此外，也能放松身心，保持心情愉悦，并锻炼意志力，提升团体协作能力。

下面主要分析篮球技术的健身方法。

（一）移动

1. 起动

降低重心，上身前倾，屈肘，快速摆臂起动。前两步动作短促而快速，重心慢慢前移，抬上体。

2. 跑

以变向跑为例，从右变向左侧时，最后一步时，右脚前脚掌内侧用力蹬地，脚尖内扣，迅速屈右膝，同时上体左转、前倾，重心向左移，左脚迅速前进。

3. 跳

以双脚跳为例,两脚开立,屈膝降低重心。两脚用力蹬地,两臂上摆,身体腾起,保持平衡。落地时,屈膝缓冲。

(二)传球

以双手胸前传球为例。持球于胸腹间,屈肘,注视传球方向,做好基本准备。传球时,后脚发力蹬地,上体前倾,两臂向目标方向伸直,拇指用力下压,食指、中指发力迅速拨球完成传球(图5-3)。

图 5-3 双手胸前传球

(三)接球

以右手单手接球为例。右脚迈向来球方向,右臂微屈,五指自然分开并伸向迎球方向,左脚向左迈一步。手指触球后,手臂顺势后撤,收肩,上体向右后方向微转,将球握于胸前成双手持球(图5-4)。

(四)运球

以高运球为例。两腿微屈,上体稍前倾,注视运球方向,前臂自然伸屈,手腕与手指柔和而有力按拍球的后上方,使球的反弹高度在胸腹位置,注意手脚的配合(图5-5)。

图 5-4　右手单手接球

图 5-5　高运球

(五)防守

以抢球为例。防守者趁持球者保护球不当或注意力分散时实施抢球计划。要快、狠、果断完成抢球计划,控制球后,利用拧、拉和身体扭转力量迅速收球,从而完成夺球动作(图 5-6)。

(六)投篮

以原地右手单手投篮为例。双脚分开,肘弯曲,手腕后仰,掌心朝上,五指分开,左手将球的侧面扶住,稍屈膝,上体稍向后倾斜,目视篮点。投篮时,下肢蹬伸,伸展腰腹部,伸直前臂,前屈手腕,利用手指弹拨球,最后食指与中指用力投出球,右臂自然跟进(图 5-7)。

图 5-6　抢球

图 5-7　原地右手单手投篮

二、促进学生身心健康的羽毛球健身方法指导

　　学生参与羽毛球运动,脚步移动、跳跃、转体、挥拍等动作有利于增加肌肉力量,促进血液循环,改善心血管系统功能,而且还有助于提高机体的耐久力,改善神经系统的功能,并促进心理健康。

　　下面主要分析羽毛球技术健身方法。

(一)发球

以正手发网前球为例。

右手持拍,手放松,前臂向前摆,手指发力控制球拍,击球时,手腕发力,用斜拍面向对方前发球区内击球(图5-8)。

图5-8 正手发网前球

(二)接发球

以前场正手接发球挑球为例。击球点低一些,用与地面呈钝角的拍面仰角,前臂内旋,拇指、食指发力将拍柄握紧,手腕伸展奋力击球。

(三)网前击球

以网前正手推球为例。根据判断及时向目标方位移动,右手平举球拍。准备推球时,前臂外旋,拍面正对来球方向。正式推球时,将拍面后移,闪腕,握紧拍柄快速击球(图5-9)。

(四)中场击球

以中场正手平抽球为例。根据判断及时向目标方位移动,与球网侧对,上体向右侧稍倾,右脚支撑重心,击球时,手腕在前臂的带动下抽压,抖动挥球拍(图5-10)。

图 5-9 网前正手推球

图 5-10 中场正手平抽球

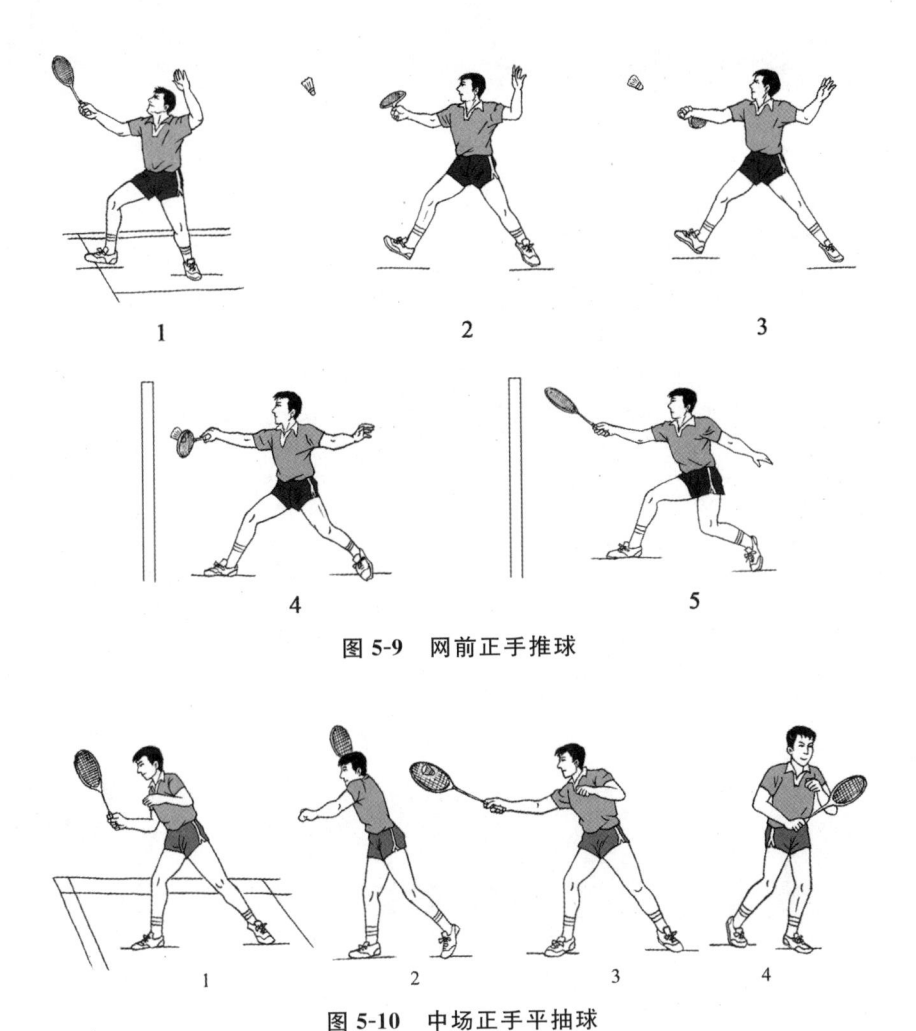

(五)后场击球

以后场正手吊球为例。拍面稍内斜,手腕切削下压,将球托后部和侧后部作为击球点。如果是吊斜线球,以球托右侧作为切削点,如果是吊直线球,拍面与前方正对,以向下切削为主(图 5-11)。

图 5-11 后场正手吊

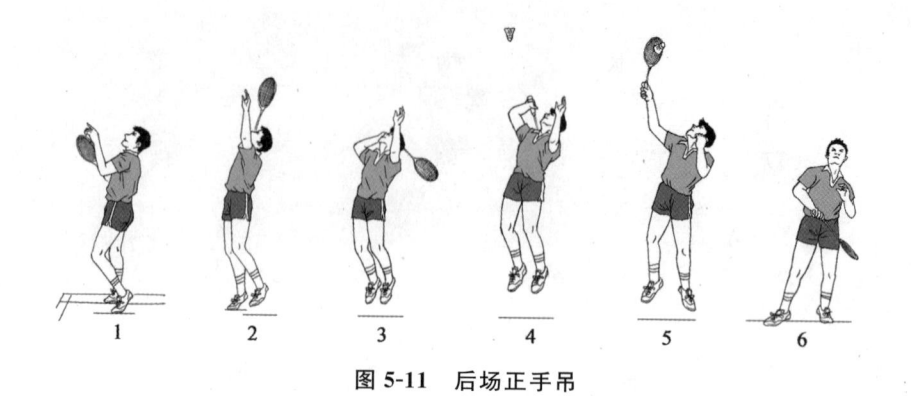

第六章 健康促进的路径之家庭体育教育

家庭体育是以家庭为单位和载体进行的一种运动形式,通过家庭体育这一形式,人们能够在和谐、愉悦的家庭氛围下参加各种各样的体育锻炼,从而提高体育锻炼的效率和质量,促进身心素质的全面发展。由此可见,家庭体育是促进人们身体健康的重要路径之一。本章就重点探讨家庭体育教育的手段与方法。

第一节 家庭体育概述

一、家庭体育的概念

关于家庭体育的概念,很长一段时间以来并没有一个权威的定义,诸多专家及学者都有不同的见解。有的学者以家庭成员观念出发研究家庭体育,认为家庭成员是体育活动的主体,对于家庭成员人数有一定的限定,但对家庭体育场所则不做限制;也有学者从家庭体育的目的出发进行研究,不规定家庭成员的人数及场所;还有的学者从家庭活动场所出发进行研究,强调活动场所的重要性。以上就是关于家庭体育研究的几个视角,每一个视角都有其独特性和合理性。

根据以上专家对家庭体育的理解,我们简单地将家庭体育的概念概括为:家庭体育是一人或多人在家庭生活中自愿或者通过安排而参与的,以身体练习为基本手段,以获得基本运动知识技能、满足兴趣爱好、丰富家庭生活、达到休闲娱乐、实现强身健体和促进家庭稳定为主要目的的教育过程和文化活动。

二、家庭体育的特征

家庭体育除了具备体育活动的一般特征外,还具有自身鲜明的特色,总体来看,家庭体育的特征主要体现在以下几个方面。

(一)普遍性及群众性

伴随着时代的不断发展,全民健身理念已深入人心,在休闲之余,人们会经常投身于体育锻炼之中。在这样的背景下,家庭体育成为人们休闲健身的重要选择。家庭体育具有自身独特的优势,它可以动员所有的家庭成员积极参与体育活动,从而产生一种群众性行为,久而久之,这一行为可以成为自发性行为。与其他的体育形式相比,家庭体育具有明显的优势,它可以将亲情力量与健身活动融为一体,家庭成员在愉悦的氛围下进行体育锻炼,能取得理想的锻炼效果。因此说,家庭体育具有重要的普遍性和群众性特点。

(二)丰富性及灵活性

家庭体育还具有重要的丰富性与灵活性的特点,这一特点是针对于家庭体育的内容而言的。家庭体育的内容非常丰富,形式也比较自由灵活,如散步、爬山、远游、欣赏体育赛事、各种体育游戏等都属于家庭体育的重要内容,这无不体现出家庭体育的丰富性及灵活性特点。

家庭体育是以家庭为单位的进行的一种运动形式,它还具有重要的独立性特点。人们可以利用休闲时间,以家庭为单位有计划地组织各种体育活动,通过这些丰富多彩的体育活动,能极大地丰富家庭成员的精神文化生活,对于和谐的家庭环境的塑造,甚至整个社会的稳定都具有重要的作用。

(三)自由灵活性

形式的自由灵活也是家庭体育的一个重要特征。这一特征突出体现在家庭体育时间的选择上。人们可以与家庭成员在任何时间选择参加自己喜爱的体育运动,如利用节假日、每天下班时间等安排体育活动,这些时间都是比较灵活的,完全受家庭成员个人的支配。

(四)场地的随意性

可供人们参加家庭体育锻炼的项目有很多,大多数的体育项目都不受场地、器材等的限制,体现出随意性的特征。家庭成员可以在余暇时间利用任何场所参加各种形式的体育活动,这能在一定程度上弥补公共体育场地设施的不足,又能实现体育健身的目的。这对于我国全民健身的发展也具有积极的意义。

(五)终身性

终身教育是当今学校教育的一个重要理念,伴随着时代的不断发展,这一理念也逐渐扩散到社会各个领域。教育伴随着人的一生,体育也是如此,作为体育教育的重要形式,家庭体育也相应地呈现出终身性的这一特点。因此,培养终身家庭体育观是一件非常重要的事情。

(六)全面性

全面性也是家庭体育的一个重要特征,这一特征是基于锻炼效果而言的。以上我们已经分析到,家庭体育的内容十分丰富,形式也是多种多样的,人们可以在不受时间和场地条件限制的情况下自由参加体育锻炼,在这样的状态下参加体育锻炼能取得理想的锻炼效果。在和谐的家庭氛围下,家庭成员能够完全释放自己的天性,以积极饱满的热情投入到体育锻炼之中,从而实现健身、休闲、交往、娱乐的目的。因此说,家庭体育还具有重要的全面性特征。

三、家庭体育的功能

(一)个体功能

家庭体育的具有多方面的功能,一般来说个体功能与社会功能是其重要的两个功能。

1. 强身健体

家庭体育是体育运动的重要形式之一,因此强身健体这一体育运动的重要功能,家庭体育也是必然具备的。强身健体主要包括健身和健心两个方面,对于人们身心的共同发展具有非常重要的意义。

2. 提高夫妻生活质量

家庭体育是以家庭成员为主体的一种体育活动形式,通过各种体育活动的参与,家庭中的夫妻双方的体质能获得不错的发展,同时还能增进夫妻间的感情,提高夫妻的生活质量。

3. 提升智力

家庭体育对人们的智力影响主要体现在两个方面:一方面,体育是智力发展的重要物质基础;另一方面,体育是人的智力发展的精神力量。通过参加各种形式的体育锻炼,家庭成员的体质、智力等都能获得不错的发展,与此同时,人们还能培养和形成良好的意志品质。

(二)社会功能

1. 提升社会凝聚力

家庭体育的形式是多种多样的,内容也异常丰富,家庭成员通过这些活动的参与,能增进彼此间的沟通与交流,从而消除隔阂,建立和谐发展的关系。在这样的家庭氛围下,有利于促进家庭的平等与民主,这不仅有利于增强家庭凝聚力,对于整个社会凝聚力的增强也具有重要的作用。

2. 有利于社会主义物质文明与精神文明建设

家庭体育对于物质文明建设的促进主要体现在三个方面:一是通过人力资源的培养来提高社会劳动生产力;二是参加家庭体育活动能有效避免各种疾病,从而节省医疗开支,促进社会经济发展;三是各种体育产业的兴起与发展促进国民经济的发展。体育属于教育科学文化的重要内容,通过参加家庭体育活动,有利于促进整个社会的精神文明建设。

3. 促进社会和谐发展

人们通过参加各种形式的家庭体育活动,不仅能有效地锻炼身体素质,还能培养人们良好的思想道德品质,促进人与自然和社会的和谐发展。这也是家庭体育的一个重要功能。

4. 推动全民健身发展

伴随着时代的不断发展,全民健身理念日益深入人心,人们在休闲之余经常会参加各种各样的体育活动,全民健身活动在我国如火如荼地开展着。全民健身可以说是一项重要的社会系统工程。人们积极地参加体育锻炼,不仅增强了个人体质,还促进了整个社会的国民素质的发展。

在全民健身发展的过程中,存在着一些客观因素影响其健康的发展,如体育器材短缺、缺乏体育专业指导人员等,而家庭体育则在一定程度上弥补了全民健身的这一缺陷。一般来说,家庭体育的时间安排比较自由灵活,对场地和器材的要求也不是很高,人们可以自由安全地参加这一活动,与社区体育相比,家庭体育无疑具有重要的优势。

家庭体育可以伴随着人的一生,成为人们终身体育的重要形式和内容。通过参加各种各样的家庭体育活动,少年儿童、成年人以及老年人等都能形成良好的终身体育意识与习惯。这是家庭体育的一个非常重要的功能。

第二节　家庭体育开展现状及影响因素分析

一、家庭体育开展的现状

(一)家庭体育的项目选择

家庭体育可以说是人们进行身体锻炼的重要形式和手段,能在一定程度上反映出人们的运动行为。在现代社会快速发展的背景下,社会各个层面的发展都在一定程度上影响着人们的思想观念和行为方式,这也对人们的家庭体育项目选择产生一定的影响。如今,整体来看,人们在家庭体育项目的选择上呈现出传统与现代并举,健身与娱乐同行的局面。可以说,我国家庭体育活动内容和范围还是相当宽泛的,涉及大量的体育休闲项目,人们可以根据自己的意愿自由选择这些运动项目。

1. 具体家庭体育项目的选择

从具体项目的选择上来看,乒、羽、网这些小球类项目成为家庭体育的重要内容,大部分的家庭成员倾向于选择这些体育项目。其原因在于这些体育项目对场地的要求不是很高,并且也较为方便。除此之外,散步、跑步等运动项目也较受欢迎,这一类项目在公园、小区内都可以参加,也不需要进行经济的投入,既方便又实惠,受到人们的青睐。

2. 从家庭体育项目的性质进行选择

以家庭体育项目的性质为批准选择,家庭体育项目的内容可以分为以下几个部分。
(1)各种休闲活动、观赏活动等,如欣赏体育赛事、观看体育表演。
(2)各种各样的户外运动或拓展训练项目。
(3)增强身体素质的各种锻炼途径,如社区健身路径。
(4)医疗体育。
(5)家庭健身器械。

(二)家庭体育活动时间与空间

一般来说,人们的生活时间主要分为工作时间、余暇时间和生理必需时间三个部分的结构。对这些时间的安排能在一定程度上体现出一个人的生活方式和生活规律,也能在一定程度上反映出社会的物质文明与精神文明程度。

据调查发现,绝大多数的家庭体育活动,其活动的时间都是在余暇时间进行的,至于锻炼的时间,每次锻炼半小时以上的人数占据一半以上,清晨和晚上是他们比较喜欢运动的时间。这与人们的工作压力大、生活节奏快有一定的关系。

一般来说,家庭体育的活动空间主要包括两个方面,即自然空间和人造空间。如山地、高空等就属于自然空间;体育场馆、公园等则属于人造空间。据调查发现,受人们整体经济水平的影响,在自然空间参加体育活动的人要远远多于在人造空间参加体育活动的人。

在我国社会经济水平日益提升的情况下,人们有了更多的金钱和余暇时间参与各种形式的家庭体育活动,其活动的形式开始由人造空间走向自然空间,如登山、野营、蹦极等运动受到人们的青睐。

(三)家庭体育形式

家庭体育属于体育活动的重要形式和内容,家庭中的各个成员相互都比较熟悉,因此在参加体育活动的过程中能形成良好的默契,体育活动的组织与管理就显得相对容易一些,这是家庭体育一个重要的优势所在。

据相关调查统计发现,家庭体育的形式多为全家参与,单亲家庭一般为父(母)和子(女)一起参加体育活动;而联合家庭全部家庭成员一起参加体育活动的情况还是比较少的。

如果家庭氛围好,家庭成员之间的关系比较密切,他们就非常愿意一起去参加各种各样的体育活动。当然,在参与体育活动的过程中,也会存在一些因素影响家庭成员参与活动的积极性,这些因素主要有社会因素、家庭因素、个人因素等。相关研究与统计表明,大部分人还是更加倾向于与朋友参与体育活动,家庭成员共同参与活动的情况不占优势。

(四)家庭体育动机

人们参加家庭体育活动的过程中,动机起着非常重要的作用。动机主要指的是满足个体某种需要的念头、愿望和理想等。只有产生了一定的动机,才能引发人们一定的行为。影响家庭成员参与体育活动的动机是多方面的,其中家庭背景、身体状况、性格类型、爱好兴趣等都会影响其参与体育活动。具体而言,人们参加家庭体育活动的动机主要有增强体质、缓解生活和工作压力、提升人际交往能力等。

除此之外,从家庭成员中获得娱乐和自信、学习一技之长、当作消费方式等也是家庭体育常见的动机。

(五)家庭体育消费状况

伴随着社会经济水平的不断发展,人们的物质生活也得到了极大的改善,在这样的情况下,人们开始追求生活的质量,消费观念也与以往有了很大的不同。在新的时代背景下,"花钱买健康"成为一种时尚潮流,越来越多的人愿意投入大量的金钱用于休闲和健身。体育消费成为当今社会的一个热点,深深影响着每一个人。

体育消费是现代社会经济发展到一定程度的产物,属于人们的一种高层次需求,在一定程度上反映了人们生活水平的提高。伴随着我国社会主义市场经济的发展,我国的消费也逐渐呈现出多样化的发展趋势,如个性化、高层次等,在这样的背景下,体育消费也得到了极大的促进与发展。

家庭体育消费可以说是体育消费的一种重要形式,是以家庭为单位进行的一种体育消费。与以往相比,近些年来我国的家庭体育消费水平有了突飞猛进的增长,但与发达国家相比,还存在着不小的差距。尤其是户均家庭体育消费水平,与发达国家的差距比较明显。这与我国社会经济发展水平有着直接的关系,这需要今后大力发展。

二、影响家庭体育的因素

一般来说,家庭体育活动的开展主要受以下因素的影响,这几个因素非常重要,人们在参加家庭体育活动的过程中一定要高度重视起来。

(一)家庭经济条件的影响

经济条件是影响家庭体育最为重要的一个因素。体育消费在一定程度上反映了家庭的经济实力。体育消费可以说是一种较高层次的消费,是满足人们精神文化需求的一种重要投入。这一经济行为已成为当今社会的潮流和趋势。具体而言,我国城市居民的体育消费水平要远远高于农村居民,这与二者的经济收入、周围环境等因素有着密切的关系。伴随着人们可支配收入的不断增加,人们对精神文化的消费也在不断增加。如今到健身房中健身、参与各种户外运动已逐渐成为一种社会时尚。其中经济水平发挥着至关重要的作用。

(二)传统文化与体育文化的影响

传统文化与体育文化也是影响我国家庭体育发展的一大重要因素。

其中，传统文化对人们的影响主要是影响人们对生命的认识和对生活的态度。几千年以来，我国形成了传统体育养生的习惯，追求中庸之道，在这样的背景下，人们参与体育活动的积极性和能动性并不高，在一定程度上影响着人们的体育生活方式。

大量的研究与事实表明，体育文化也能在一定程度上影响人们的体育健身意识，其中主要受中华民族传统体育文化和西方竞技体育文化的影响。其中传统体育文化为主，西方体育文化为次，但随着现代社会的不断发展，西方竞技体育文化对人们健身思想的影响越来越大。我国人民对西方体育文化的认识和理解还存在一定的差距，需要得到群体和社会的认同。西方体育文化同样也存在着一定的弱点，其功利性成分比较大，也会对人们的体育理念产生一定的影响。

（三）劳动及生活方式转变的影响

现代科技给人们带来了极大的实惠和便利，这是以往时代所没有出现的事情。与传统的劳动方式相比，在现代社会背景下，人们的体力劳动明显减少，劳动时间也明显缩短，工作效率也得到了极大的提高，这是对人们极为有利的几个方面。各种现代化的机器代替了人类的劳动，给人们带来了实惠和便利，但忽视体育兴趣的培养和体育习惯的做法也是不利的，缺少了体育锻炼，不仅对于治疗"社会文明病"不利，而且也不利于家庭体育的发展。

第三节 家庭体育对人的各项素质的培养

一、家庭体育对人的身体素质的培养

（一）塑造完美的身体形态

青少年的身体发育是否正常非常重要，我们通常用身高、体重、胸围这几个指标来衡量青少年的身体发育水平。

一般来说,青少年身体健康的基本标准有身体发育良好,生理器官和系统完整,有着良好的心态,对学习和生活都充满了热情,能快速地适应周围环境。对于青少年而言,要想发展和提高自身的身体素质,就需要经过长期的体育运动锻炼。而家庭体育锻炼就是这样一种有效的体育锻炼形式。大量的实践与事实表明,经常参加体育运动锻炼,青少年的形体能够得到很好的塑造,体质得到增强。家庭体育属于体育运动的一种形式,多参加这一形式的运动锻炼,同样也能取得理想的锻炼效果。

(二)发展基本的身体素质与活动能力

对于任何人来说,拥有良好的身体素质都是非常重要的,因为这是人们参加一切活动的重要基础和保障。只有具备了良好的身体素质,人们在参加体育锻炼的过程中,才能更好地利用和发挥自身的运动技术水平,保证运动锻炼的顺利进行。

大量的实践与事实表明,通过各种家庭体育活动的练习,人们能有效地发展和提高自己的快速移动能力,提高自己的力量素质,可以改善神经系统的灵活性和身体协调能力等。在众多的身体素质中,力量素质与速度素质非常重要。其中力量素质是指身体或身体各个部位肌肉工作时克服阻力的能力,是人体健壮的重要标志之一。同时力量素质也是其他素质发展的重要基础,因此一定要在平时注重力量素质的练习。力量素质练习的安排要按部就班地进行,不能急于求成,否则就容易适得其反。不仅不能取得理想的锻炼效果,甚至可能导致运动损伤。耐力素质是指人体长时间进行肌肉活动的能力。大量的实践表明,经常参加耐力性训练,能有效提高人体的心肺功能水平,促进人们的身体健康。长距离慢跑是耐力素质训练的一种良好手段。在余暇时间,一家人共同在户外慢跑是一件非常惬意的事情,在愉悦的家庭氛围下促进了身体素质的增强。灵敏素质是指人体迅速改变体位、转换动作和随机应变的能力,而柔韧素质则是指人体关节活动的幅度及范围。家庭体育中的健美操、广场舞等项目都具有一定的作用。

(三)促进生理机能的发展

家庭体育锻炼不仅能够促进身体形态的发育,还可以促进和提高机体各器官系统的机能。在日常生活中,如果能积极地、科学地进行锻炼可使神经系统的灵活性得到改善,也可提高人体消化系统、呼吸系统以及心血管系统的能力。

1. 增强人体呼吸系统功能

大量的实践表明,经常参加体育锻炼对于人体呼吸系统功能的增强具有显著的效果。人们在参加运动锻炼的过程中,呼吸会逐渐加深,吸进的氧气和排出的二氧化碳都比较多,这就大大增加了肺活量,增强了肺功能。人们长期坚持参与健身活动,能有效地提高身体适应能力,获得匀和而平稳的呼吸,在这样的情况下,会极大地增强呼吸系统功能。

2. 改善人体消化系统功能

人们坚持参加体育活动锻炼,会在运动的过程中消耗体内的一些营养物质,增强机体代谢,在这样的情况下,食欲会得到明显的改善。不仅如此,长期参加运动锻炼,胃肠蠕动还会更加通畅,在这样的情况下,肝脏功能也得到了增强。

3. 增强人体神经系统功能

通过长期参加体育运动锻炼,人的肢体会越来越协调,身体越来越灵活,思维越来越清晰,从而积极主动的心态投入到日常的学习和生活之中,促进工作效率的提高。

(四)有效预防各种身心疾病

大量的实践表明,经常参加家庭体育活动,不仅能娱乐身心,还能有效预防各种运动疾病。

(1)经常参加家庭体育活动有助于降低心血管疾病发生的概率。

(2)经常参加家庭体育活动能有效控制血糖,减少糖尿病发生的可能性。

(3)经常参加家庭体育活动有利于提高骨质密度和强度,预防骨裂。

(4)经常参加家庭体育活动有助于预防癌症。

(5)经常参加家庭体育活动,能有效预防运动伤病,改善机体的不良发展状况。

二、家庭体育对人的心理素质的培养

(一)家庭体育对人的创新思维能力的培养

经常参加家庭体育活动,在浓厚的家庭氛围下,人的创新思维能力能得到有效的提高。培养人的创新思维能力,应从以下方面进行。

1. 激发人们自主探索与尝试的兴趣

在各种各样的家庭体育活动中,家庭成员对游戏都怀有浓厚的兴趣,在浓厚的锻炼氛围下,人的思维活动才能处于积极、活跃的状态。在参加家庭体育活动时需要注意以下两个方面。

一方面,要为学生提供安全的体育器材。在不同的年龄段,人的运动能力都是不同的。为满足各个家庭成员的对于不同体育器材的需要,就需要加强体育基础设施建设。

另一方面,应从人的"心理安全"考虑设计体育锻炼的手段或方法。在家庭体育锻炼氛围下,可以充分利用生动有趣的故事让家庭成员迅速进入角色,消除人们的心理压力,使其快速融入到游戏中来,这样能有效培养人的快速适应社会的能力。

2. 培养人们的发散思维和聚合思维

(1)培养人的发散性思维

发散性思维在人的各方面发展中扮演着十分重要的角色。人如果具有发散思维,这对于其参加任何活动都具有非常重要的意义。通过家庭体育锻炼,家庭成员能够利用各种形式的体育活动刺激自己的发散思维,提高发散思维的能力。

①从感知事物入手,提高感官系统功能。如在游戏的过程中,家庭成员可以相互围在一起闭上眼睛感受体育器材的形状、质地等情况,通过这种体验能在一定程度上发展和提高人的发散思维。

②采用启发式游戏,从多角度提出问题。在家庭体育活动中,家庭成员之间可以相互提出问题,这些问题应是开放性的,答案不是唯一的,激发家庭成员提出独创性的见解。

第六章 健康促进的路径之家庭体育教育

③在各种家庭体育活动中,还存在不少的辅助性材料,这些辅助性材料对于家庭成员之间发散性思维的培养和提高也具有重要的帮助。

(2)聚合性思维的培养

聚合思维主要指的是把问题所提供的种种信息或条件朝着一个方向集中,从而得出一个正确的答案或一个最优的解决问题的方案。[①]聚合思维主要是对发散思维所提出的各种问题的具体分析,属于发散思维的更深层次的内容,这一层次的高度要高于发散性思维。因此,在家庭体育中,要不断启发人们寻找最佳答案和解决问题的最好办法。此外,在结束体育锻炼后,家庭成员可以相互聚在一起反思,进行一些体育锻炼的分享活动,这对于人们聚合性思维的养成具有十分重要的意义。

3. 多种方式发展人的创造想象能力

(1)多采用猜测性提问的方式,激发人的创造想象力

在家庭体育活动中,可以多采用一些游戏性手段,如此不仅能增强家庭成员的体质,还能完善他们的心理品质。在体育游戏活动中,在近乎真实的情境下,启发人的想象力。这种想象的方式具有极大的趣味性,能有效激发家庭成员参与体育活动的积极性。

(2)增加人们的运动表象的储备

运动表象是指在运动感知的基础上形成的,在头脑中重现出来的动作形象和运动体验。运动表象主要由视觉表象和动觉表象组成。[②]家庭体育活动的形式与内容都比较丰富,通过参加各种各样的家庭体育锻炼,能很好地培养和提高人的运动表象能力。家庭成员在参加各种体育活动的过程中,可以利用视频等现代技术手段建立正确的动作表象,然后进行模仿练习。

4. 正确评价与激发人的创造性思维

在具体的家庭体育活动中,应鼓励家庭成员真实客观地表达自己独特的想法,鼓励其大胆验证,从不同的角度去启发其思维。在参加体育

---

① 徐佃伟.浅谈幼儿体育活动中创造思维的培养[J].中国教育研究论丛,2007(00):844-846.

② 同上。

锻炼的过程中,家庭成员之间可以相互孤立和表扬,从而建立运动的自信心。在这样的环境下,能有效激发人的创造性思维,实现预期的目的。

(二)家庭体育对人格的塑造

1. 塑造健全人格的基本原则

(1)自我认可原则

自我认可,主要指的是对自己有一个客观的认识与评价,既看到自己的长处,又能看到对自身发展不利的因素,要准确客观地把握自己的真实水平。在家庭体育中,要十分重视人格的塑造,在塑造人格的过程中,要坚持自我认可的基本原则,在体育锻炼的过程中加强自我教育,促进自身综合能力的发展。

(2)团体性原则

所谓团体性原则是指具有健全人格的人乐于与人交往,在社会生活中能够与人和谐的相处,对其所属的团体或群体有休戚与共的情感,把自己置身于同他人之间真实的、关心的、信任的关系之中。家庭体育中的很多项目都需要集体配合才能完成,因此在参与这些项目的过程中还要遵循团体性的基本原则,这样才能实现预期的目标。

(3)智慧与创造性原则

这里的智慧主要指的是参加体育锻炼的人要具备丰富的体育理论知识、生活常识和运动技能储备等。在家庭体育活动中,可以选择那些具有鲜明特色和富有刺激性的运动项目进行锻炼,这对于提高家庭成员的创造性具有重要的作用。

(4)平衡性原则

平衡性原则主要指的是人们要能客观正确地评价个人的得与失,恰当地处理好与他人及社会的关系,这是一种非常重要的能力,对人的一生发展都具有重要的作用。正确处理好个人与环境变化的关系,让自己的各种思想都能跟上时代发展的形势。

(5)适应性原则

适应性原则主要指的是人们能快速地适应周围环境及社会的发展。具有良好适应性的人通常都能保持乐观积极的心态,以积极饱满的热情投入到学习、生活和工作之中。拥有良好社会适应性的人,能够清醒地认识现实和面对现实,很好地处理各种现实问题。

2. 家庭体育对健全人格塑造的呈现

大量的实践与事实表明,经常参加家庭体育活动能塑造人们健全的人格。具体而言,家庭体育对人的健全人格的塑造集中体现在以下几个方面。

(1)家庭体育对人的自信心与自尊心的塑造

自信对于人们参加各种各样的家庭体育活动具有重要的意义和作用,只有拥有高度的自信,才能将体育锻炼视为日常生活的重要一部分,从而坚持每日参加体育锻炼,促进自身身心的发展。在当今社会背景下,受工作、学业、生活等压力的影响,各个行业的人难免会出现一些心理问题,而通过参加家庭体育活动,人们的自信心能够得到很好的培养和提高。如参加乒乓球运动,家庭成员在得到放松的同时还能有效提高个人的技术水平,有效提升自身的自信心。

人都有一定的自尊心,尤其是对于青少年而言,他们普遍都具有强烈的自尊心。如果拥有一个良好的自尊心,其发展就具有强大的动力。而缺乏自尊则容易妄自菲薄,失去前进的动力。由此可见,培养良好的自尊心是非常重要的。但需要注意的是,自尊心过于强烈也不是一件好事,在某些情况下,由于强烈的自尊心,人与人之间也会发生摩擦与矛盾,破坏和谐的关系。而家庭成员聚集在一起参加各种体育活动,能放松自己的身心,缓解生活的压力,树立正确的自尊心。

(2)家庭体育对人的独立精神的塑造

独立精神主要指的是人能自主自愿参与某项活动的一种心理倾向。一般来说,拥有独立精神的人往往善于思考,能以积极平稳的心态看待任何事物的发展。而缺乏独立精神的人,往往自身具有很大的依赖性,遇到困难和挫折时不会主动地去思考解决问题的对策而是求助他人。在当今社会背景下,有很多的青少年受到家长的宠溺,对他人产生了较大的依赖性,缺乏独立性精神。而通过参加各种各样的家庭体育运动,如长距离跑、越野等运动能有效培养他们的独立精神,促进其全面素质的发展。

(3)家庭体育对人的自制力的塑造

自制力主要指的是人的调节和控制自己行动的品质或能力。拥有良好的自制力对于一个人的发展而言具有十分重要的意义和作用。拥有良好自制力的人,在遇到困难和挫折时,往往能迅速地调整自己的心理状态,采取积极的措施去解决问题。对于青少年而言,由于他们受到周围环境或社会环境等各方面的影响,其自制力并不是很高,因此加强这方面能力的培养非常重要。通过参加各种各样的家庭体育活动,在既定的规则下参与活动,能培养人们良好的规则意识,培养家庭成员遵守规则的好习惯,这对于人们自制力的提升具有积极的作用和效果。

第四节　青少年不同阶段家庭体育锻炼指导

在不同的年龄阶段,青少年都呈现出不同的生理与心理特点,因此在进行体育锻炼时要讲究一定的规律和方法,保证体育锻炼的科学性和有效性。本节就重点阐述青少年不同年龄阶段的家庭体育锻炼,以为其提供良好的指导。

一、5~8岁期间家庭体育锻炼指导

(一)制订合理的体育锻炼计划

在这一阶段,组织少年儿童进行体育锻炼时,要实现制订合理的家庭体育锻炼计划,这一计划应有明确的目的,并且是可行的。在这一阶段,实施体育锻炼计划时,要严格遵循儿童的自发性和创造性原则,家庭成员要及时观察和了解儿童的动向和心态,根据实际情况确定和调整锻炼计划。

(二)明确体育锻炼要求

在组织体育锻炼时,家庭成员要有针对性地选择适合少年儿童年龄特点的内容和方法。同时还要注意一定要做好充分的准备活动。少年儿童在参加体育锻炼的过程中要注意一定的运动负荷,同时注意运动中的安全,避免发生运动损伤。在家庭体育锻炼中可以多安排一些体育游戏,通过各种趣味性的体育游戏来增强体质。需要注意的是,在锻炼结

束后,不能立即停止运动,而是要做好必要的整理活动,以促进机体疲劳的恢复。

(三)培养青少年的体育兴趣和个性

在家庭体育运动锻炼中,家长在指导孩子参加各种体育活动时,要善于和他们交流,积极引导,利用各种玩具和儿童好奇好动的特点开展体育游戏。当儿童看到玩具必然产生好奇心,想动、想摸、想踢、想拍等,自然就会运用各种动作,这时指导者再给予适时的引导、指点和启发,从而达到完成游戏的目的任务。

除此之外,家庭体育锻炼中还要注意运动的安全,通过各种形式的体育锻炼,激发青少年参加体育锻炼的兴趣。青少年一般还具有爱交往的特点,家庭成员可以充分利用这一特点对其进行引导和鼓励,促使青少年积极参与家庭体育锻炼中,在体育锻炼中促进家庭成员之间关系的融洽。另外,家长还可以在旁进行必要的指导,只要不出现大的危险事故,就可以让儿童自由地参加活动。

(四)合理选择体育锻炼内容

由于每一名青少年的身体情况都是不同的,因此家长要依据青少年的身体发育特点和具体实际合理安排体育锻炼的内容,对其进行有针对性的指导。需要注意的是,此时期的女孩会与男孩有明显的差异,女孩多喜欢动作缓和、平稳的游戏,像玩布娃娃等,而且要求空间也少;运动素质方面,女孩子的柔韧性好,平衡和技巧能力强。因此,一定要根据少年儿童的具体情况合理地安排体育锻炼。

二、9~12岁期间家庭体育锻炼指导

(一)合理确定家庭体育锻炼的计划

这一阶段,少年儿童已进入小学,他们有了寒暑假大量的时间,这就为他们提供了良好的锻炼时机,应该为孩子的假期安排好身体锻炼内容和计划,与学校体育相补充,以免造成少年儿童体育锻炼的中断,影响身

体素质的发展和提高。

(二)注意体育锻炼的周期性

在家庭体育中,家长在指导孩子参加体育锻炼时,要与孩子学校生活的周期相同,便于体育锻炼的进展,具体的安排要从儿童体育整体效果和角度出发,明确内容和锻炼要求内容和明确要求,在学校体育之外,可以起床后在床上做体操,在去学校路上的锻炼,放学后自由体育活动;在家里利用自由时间进行的体育游戏、运动及星期天的体育活动等。

(三)注意良好体育环境的塑造

家长及青少年在参加体育锻炼的过程中,家长要在一旁积极的引导,对其进行必要的帮助与指导;另外,还要不断充实家庭体育的内容,构建一个良好的体育环境。在这一环境之下参加体育锻炼,通常能取得良好的效果。

(四)合理确定体育锻炼的强度

在具体的家庭体育锻炼中,还要十分注意运动负荷的安排,另外体育锻炼的时间也不要过长,运动量和运动强度都要适合青少年的身心特点,不应超过青少年的身体负荷能力。另外,这一时期青少年的神经调节机能还处于一个较低的水平,不能参与大强度的运动锻炼,否则就容易导致运动损伤,对身体发展不利。总之,青少年参加家庭体育锻炼的过程中,要合理地控制和调整运动负荷,确保运动锻炼的科学性和合理性。

(五)注重家庭体育锻炼的全面性和趣味性

在进行家庭体育锻炼时,其内容和形式不要固定不变,而是要经常变换。多种形式的体育锻炼能很好地发展青少年的各种身体器官,促进其体质的增强。

为了激发青少年参加体育锻炼的兴趣,家长可以赋予青少年选择体育项目的权利。鼓励青少年加入到各种运动队伍的锻炼之中,在与他人参加体育锻炼的过程中,增强了体质,还能培养和提高自己与人交往的能力。

三、13～16 岁期间家庭体育锻炼指导

(一)培养青少年良好的兴趣与习惯

在 13～16 这一阶段,青少年参加体育锻炼的目的性比以往要强得多,他们参加体育锻炼的自主性也越来越强。在这一阶段,他们倾向于参加一些规则性较强的体育运动项目。但事实是,受客观条件的限制,青少年参加体育锻炼的时间不断减少,参加体育锻炼的兴趣也变得不足。因此,在家庭体育中,激发青少年的体育兴趣,培养其和良好的体育习惯就显得至关重要。只有养成良好的体育兴趣和习惯,才有可能形成终身体育的观念和意识,从而促进身心素质的发展。

(二)注重体育的基本知识与方法的掌握

一般来说,青少年的求知欲都比较强烈,在这一阶段,他们的认识能力不断提高,知识不断增长。因此,加强青少年的体育知识教育是非常重要的。青少年只有掌握了体育的基本知识和方法,才能有效培养自己的体育习惯,才能积极主动地参加家庭体育运动锻炼,促进自身体质水平的提升。

(三)根据具体情况合理安排体育锻炼

运动负荷,在进行体育锻炼是一定要根据孩子自身的身体状况和身体条件,合理安排运动强度,防止伤害的发生。在体育运动中明确孩子的身体锻炼并非只有采用极限负荷强度和负荷量才是最佳方案,中小强度的负荷和坚持经常性的小负荷量累加的身体锻炼对促进孩子的生长发育及身体素质的全面提高是必不可少的。与此同时,对一些存在某些健康缺陷和疾病的孩子,体育运动的安排一定要慎重。

四、17岁以上家庭体育锻炼指导

(一)体育运动的强度可适量加大

在这一阶段,青少年的身体已基本完善,与前几阶段相比,运动能力和水平已有明显提高,从而为进行高强度的体育锻炼提供了条件。青少年可以从自身健身、娱乐等需要出发,尽情参加各种个人喜欢的体育运动,也可以参加各类强度较大的竞技体育项目和比赛活动。需要注意的是,这里的加大体育运动强度并不是绝对的,而是需要根据个人的情况合理把握。

(二)注意体育锻炼的多样性和层次性

这一阶段,青少年的兴趣比较广泛,爱好多样,在安排体育锻炼时,需考虑内容的多样性。一般要从每个人各自条件出发,选择适合个人的体育内容、方法与场所,适应不同人的不同水平的需要,开展各类活动,要为每个人提供适宜的身体锻炼机会。

(三)体育锻炼注意营养和饮食卫生

饮食和营养是健康的基础,因此在体育锻炼中一定要注意合理的营养补充和科学的饮食。要保证合理的营养和饮食,要注重营养补充的多样化,饮食时要细嚼慢咽,养成良好的习惯,处理好饮食和运动的时间,不要饮食后立即运动,也不能运动后立即饮食,否则会导致身体的紊乱。在体育锻炼时,要注意合理的睡眠和休息,以良好的身体状态进行体育锻炼,促进身体的健康发展。

(四)注意体育锻炼过程中的保健

青少年在参加家庭体育锻炼前要做充分的准备活动,锻炼结束后要做整理活动,体育锻炼时要保证动作的规范和正确,避免运动伤病的发生。运动会导致运动疲劳,要采取科学的方法,促进运动性疲劳的消除和恢复。

第七章　健康促进的路径之社区体育教育

当前,人们的健康意识不断增强,健康促进已经成为目前社会普遍关注的课题。健康促进的基本路径就是体育教育,具体来说,体育教育的具体形式又有很多种,除学校体育教育和家庭体育教育之外,社区体育教育也是至关重要的路径之一。本章对社区体育的基本知识、我国社区居民体育健康的现状、社区体育健身机制的构建,以及社区体育健身路径与方法等进行了分析和研究,由此,能够从理论和实践两个方面入手,来进行科学指导,从而达到有效健康促进的效果。

第一节　社区体育概述

一、社区体育的概念

关于社区体育的概念,尽管专家和学者进行了深入细致的研究,但是,还没有形成统一的观点。但是,通过对相关专家学者研究观点的剖析和总结,可以对其中的一些共性进行提取,并以此为依据,来对社区体育的概念加以界定。

(1)社区体育就是一种区域性的体育。
(2)社区体育主要的参与对象是全体的社区成员。
(3)社区体育开展的物质基础:社区所具有的自然环境以及各类社会体育。
(4)社区体育的基本目的:促使人们追求心理健康和身体健康的需

求得到更好的满足。

由此,将上述几个方面的共性和本质特征综合起来,就可以将社区体育的概念界定为:全体社区成员在社区环境中,为了达到身心健康的目的,充分利用各类体育设施,满足社区成员的各种体育需求,同时促使社区成员之间的社区感情得以发展和巩固,在遵循就地就近原则的基础上所开展的区域性的群众体育活动。

二、社区体育的类型划分

社区体育可以按照不同的标准来进行不同类型的划分,常见的有以下几种分类方法。

(一)活动空间不同的类型

(1)庭院体育。
(2)公园体育。
(3)广场体育。
(4)公共体育场所体育。
(5)其他场所(空地、广场、江河、湖畔等)体育。
除此之外,室内体育和户外体育也是以此标准为依据进行的划分。

(二)参与人群不同的类型

(1)婴幼儿体育。
(2)学生体育。
(3)在职人员体育。
(4)离退休人员体育。
(5)特殊人群体育。
(6)流动人口体育。

(三)参与主体的群体规模大小不同的类型

(1)个人体育。
(2)家庭体育。

(3)邻里(楼群、庭院或胡同)体育。
(4)微型社区(居委会)体育。
(5)基层(街道办事处)社区体育。

(四)组织类型不同的类型

(1)自主松散型社区体育。
(2)行政主导型社区体育。

(五)活动时间不同的类型

(1)日常性体育活动(晨晚练)。
(2)经常性体育活动(俱乐部活动)。
(3)节假日体育活动(节日、周末和寒暑假体育活动)。

(六)消费类型不同的类型

(1)福利型社区体育。
(2)便民利民型社区体育。
(3)营利型社区体育。

三、社区体育的构成要素

关于社区体育的构成要素,不同专家学者有不同的观点(表7-1)。

表7-1　不同专家学者对社区体育构成要素的理解

专家学者	社区体育构成要素
王凯珍	(1)社区成员 (2)体育组织 (3)社会体育指导员 (4)各类体育场地和设施 (5)各种体育活动 (6)经费

续表

专家学者	社区体育构成要素
李建国	社区四大要素： (1)社区共同意识 (2)社会感情 (3)社会关系 (4)公共设施
	体育的五个要素： (1)体育活动的主体 (2)场地设施 (3)体育指导人员和体育服务管理人员 (4)体育保障体系 (5)体育方法学要素
吕树庭	(1)参与者 (2)体育活动体系 (3)开展区域 (4)社区成员的认同感和归属感

综上所述，可以将社区体育的构成要素归纳为六个方面，即全体社区成员、社区体育组织、社区体育经费和体育设施、社区体育指导者和管理者，以及各个具体的社区体育活动。

四、社区体育的特征

社区体育与学校体育、家庭体育等有着一定的共同之处，同样，也存在着一定的差别。在特征方面，健身娱乐性等是这几种类型的共同之处，而社区体育自身的显著特征则主要有以下几点。

(一)余暇特征

社区体育，就是指社区居民在余暇时间里自由参与的休闲活动，具体的参与活动内容没有限制。这也一定程度上将社区体育的余暇特征凸显了出来。

(二)区域特征

在社区中,无论是社区成员的组成、社区的各类体育场地设施、社区体育的指导和管理以及社区体育经费的筹集等都是在社区的范围内形成和开展的。这就赋予了社区体育显著的区域特征,同时,这也一定程度上将社区体育的自治和自主体现了出来。

(三)服务特征

社区体育作为体育的常见形式之一,是主体是社区的全体居民,因此,社区体育实际上就是为社区居民提供体育健身相关服务的。一般的,社区体育所能提供的服务主要有体育组织与管理服务、体育咨询服务和指导服务、体育运动处方服务和体育活动计划服务、体育场地设施服务,以及体育情报和信息服务等。

(四)公共特征

社区体育的公共特征,主要是指社区体育活动所用到的器材设施具有公共使用性。社区体育活动设施是全体社区居民都可以使用的公共设施,这就将其公共特征体现了出来。同时,某种程度上也将社区体育显著的公益特征体现了出来。

(五)选择自由特征

社区体育是针对全体社区成员的,而社区居民在很多方面都存在着差异性,比如,年龄、性别、兴趣、爱好、职业等方面,同时,他们的健康状况和体质状况也各不相同,而丰富的社区体育活动内容和形式则能够满足全体社区成员对体育健身的需求,使他们能够自由选择自身感兴趣和喜爱的体育健身项目,这就保证了社区居民参与体育健身活动的积极性和主动性。

(六)机动灵活特征

全体社区居民在社区体育方面都会因为一些客观因素的影响而有

着不同的需求,这就要求社区体育的组织者和管理者在进行相应的组织时,要采用机动灵活的工作形式和方式,尽可能地做到因地、因时、因人而异,组织灵活、多样的体育活动形式,从而达到使社区居民不同的体育健身需求都能得到较好满足。

第二节 我国社区居民体育健身的现状分析

一、社区居民体育健身的主体特征

(一)性别、年龄状况

1. 性别状况

调查发现,参与社区体育健身活动的居民中,女性的比重要稍高于男性,差距不大。由此可知,社区体育健身并不会受到参与居民性别的影响,社区体育健身活动中,参与体育健身的社区居民把健身和健康作为大家共同的事务,是当下普通群众的普遍诉求,但是,在进行社区体育健身活动的组织管理时,要对男性与女性在运动方式和项目的需求方面的差异性进行充分考量,从而保证社区体育健身的均衡发展。

2. 年龄状况

人口老龄化是我国社区居民体育健身活动的显著特点和问题所在。我国是世界上老年人口最多、增长最快的国家之一。10年前,我国就已经基本进入了人口老龄化社会。而老龄化最值得关注的就是健康问题。因此,这就要求社区体育资源的配置方面一定要充分考虑老年人的实际情况,满足老年人参与社区体育的需求。[①]

通过对参加社区体育健身活动的社区居民年龄的调查发现,有近半

---

① 崔国梅. 潍坊市社区体育健身现状及发展对策研究[D]. 济南:山东体育学院,2014.

数是处于55岁以上年龄段的社区居民,所占比例排在第一位,这个年龄段人群主要是离退休的中老年人。这一年龄段的社区居民具有以下几个方面的显著特点。

(1)心理特点。处于这个年龄段的社区居民,工作能力和社会交往圈方面是呈下降趋势的,但是在余暇时间上是呈增长趋势的,而且这一年龄段社区居民儿女通常处于奋斗的阶段,这就导致了他们心理上的空虚,而参与社区体育健身活动成为他们填补心理空虚的重要途径之一。

(2)生理特点。处于这个年龄段的社区居民,他们的身体机能和体力呈现出逐渐下降并走向衰退的阶段,这就促使他们大大增加了在自身健康方面的需求。

(3)社会特点。退休实际上就是个体与社会互动关系在根本上产生的变化。

(4)个体老龄化过程特点。老年是人生中的一个重要阶段,这一阶段的闲暇时间较为充裕,工作和经济压力小,退休后,他们的社交圈从工作中转移到了生活中,因此,社区成为他们的主要社交场所,进而成为社区体育健身活动的主力。

我国社区体育健身的居民除了老年人这一主力之外,也有其他年龄段的居民,但是,在比重上是要小很多的,这也是我国群众健身体育"两头热,中间冷"现象存在的一个重要反映。尤其对于35～44岁的社区居民来说,是社区体育健身的"断层带",所占比重不到10%。究其原因,无非有这样几点。他们在生理、心理、社会适应能力等方面都已经成熟,在社会生产建设方面担任主力军,工作、家庭、生活等方面压力较大。其实,这一年龄段的社区居民为了能够调节心情消除疲劳、平衡生活稳定情绪,在体育健身需求方面是比较大的,但是,由于他们绝大部分的时间和精力都放在了工作和家庭生活上,使得他们没时间没精力参与到社区体育健身活动中,另外,社区内体育器材、场地设施不能满足他们的锻炼需求,不能开展他们感兴趣的体育活动或者没有他们感兴趣的体育社团,这也提示我们要进一步加强宣传引导。

(二)职业状况

通过对社区体育健身居民职业状况的调查发现,排在前两位的人员是国家机关和事业单位工作人员,分别占到 1/4 左右,是社区体育健身活动较为固定的人群。这两个职业人员作为社区体育健身居民主要群体的原因共同之处在于,他们的上下班时间比较固定,参与社区体育健身活动的时间充裕,另外,这部分人群在八小时工作之内,难有健身锻炼的机会,因此有效利用工余时间参与健身锻炼,成为他们的生活组成。

除此之外,学生在社区体育健身活动参与人员的比重中也占有一定的比例,但是,他们参与的集中点处于假期周末。

由此可以看出,社区体育在参与群体方面没有特殊的要求,因此,参与者分布较广,从事的职业也没有一个相对固定的范围,各行各业的工作人员都能参与到社区体育健身的行列中来,这也从某种意义上反映出了社区健身潜在的体育人口还是较多的。

二、社区居民体育健身的目的

社区居民参与体育健身活动的目的,往往能够将体育运动的各项价值功能体现出来。

通过对我国社区居民参与体育健身活动的目的的调查发现,其呈现出这样的排序:增进健康、休闲娱乐、社会交往和参加比赛及塑造形体,由此可见,社区居民参与体育健身活动的目的是多元化的,并且呈现出了不同年龄层次的差异性较大,同时带有显著年龄和性别差别的特征。比如,青少年人群体参与社区体育健身活动的目的主要在于兴趣健美,而中年人群体参与社区体育健身活动的目的主要在于"增强体质""调节精神"和"休闲娱乐";在性别方面,女性参与社区体育健身活动的目的主要是塑造形体,而男性参与社区体育健身活动的目的则在于社会交往和参加比赛,社会需求和竞技需求特点显著。但是从总体上来说,大部分的被调查者在参与社区体育健身目的方面是强身健体在先,但同时具有多元化和综合性特点。由此可见,大部分群众体育健身观的表现是积极向上的态度。这反映出体育运动的健身、健美、社交等价值得到了多数人的认可,同时也反映了社区居民面对高节奏生活,回归社会大家庭的积极态度和强烈愿望。

三、社区居民体育健身的时间

（一）活动年数状况

通过相关调查发现，参与社区体育健身活动的居民在参与年数方面，以 3～4 年居多，占到半数左右，参与年数在 5 年以上和 1～2 年的分别占到 1/4 左右。由此可以看出，社区居民参与社区体育健身活动的周频率较高，都能保证每周练习的次数在 4 次以上，并且有五分之三左右的社区居民能够达到每周以 4～7 次的活动频率，这与他们有充足的余暇时间有关，也是值得肯定的一方面。

（二）活动频率状况

通过对社区居民体育健身活动频率状况的调查发现，每次参与健身的时间基本都在 0.5～1 小时，这是大多数人群的选择，占到百分之六七十，由此可见，大部分社区居民参与体育健身活动的运动量是能得到保证的。

通过对社区居民体育健身活动时段的调查发现，参与群体的锻炼时间段主要集中在早晨和晚上，其中早晨进行活动的人数占到半数之多，下午占到了 1/3，这与活动场所和生活作息习惯有关。

另外，在调查中发现，很多社区居民在控制自己的运动量和强度方面缺乏科学性和合理性，往往凭主观意识去指导。

四、社区居民体育健身的地点

社区体育健身活动的开展，必须在必要的体育场地设施的物质基础上才能实现。因此，这就要求社区一定要具备一定的体育场地设施条件，才能有效保证社区居民最基本的活动需要。但是调查显示，目前仍然有一些社区存在着设施场地和器材短缺的情况，未达到国家标准要求，这已成为社区体育发展的主要制约因素之一。也有很大一部分社区已经具备了较为充足的体育场地设施，能够基本满足社区居民的体育健身需求。

对于社区居民来说,他们在选择活动的场地方面往往表现出多样化的显著特点。调查发现,对于大部分的社区居民来说,比较宽敞的社区公园和城区广场是进行体育健身最为理想的地点选择,其次是学校场地和小区空地,最后才是收费的俱乐部。很明显,公园和广场是为理想的体育健身场所,空气清新、环境优雅是其主要优势。但是,大部分社区居民往往会遵循就近原则来选择健身活动场所,甚至有些居民干脆就在自己家里进行锻炼。[①] 在这些并不理想的环境下进行体育健身锻炼,往往是很难形成一个良好的健身氛围的。

五、社区居民体育健身的项目

通过对我国社区居民体育健身项目的调查发现,健身走和跑步是最为主要的体育健身方式,占到半数比重,究其原因,主要是由于健身走和跑步不受场地的限制,在路边、小区、学校或单位都可以进行,并且不需要技术指导,这也反映出了社区居民的体育健身项目选择是具有日常性、经济性特点的。其次为气功或太极拳,再是各种球类、健美操(舞)等。

通过进一步的调查、了解发现,我国社区居民参加的体育健身项目是比较单一的,新项目的普及程度还比较低。近年来,是北京奥运会和全民健身的推动下,社区居民健身运动的项目种类明显增多,人们已经逐渐开始了解并接受一些新兴项目。[②]

在各种各样的体育健身项目中,大部分的社区居民往往只会选择一种健身项目参与其中,选择多种体育健身项目的比较少。相关调查分析发现,采用多种锻炼方法,对于激发人们健身兴趣,开阔视野,了解更多的健身方面的知识都是非常有利的。

在体育健身项目的选择方面,存在着一定的性别差异。一般的,女性在参与体育健身活动时,受到文化意识的影响,广场舞、散步、健身操等带有集体性的项目是较为理想的选择;另外,由于受到性格特征的影

[①] 崔国梅.潍坊市社区体育健身现状及发展对策研究[D].济南:山东体育学院,2014.
[②] 康日奇.山西省大同市社区居民体育健身现状的调查与分析[J].山西大同大学学报(自然科学版),2012,28(03):87-89+96.

响,女性体育健身活动参加形式上表现出显著的结群性,在活动内容和活动形式的选择上,那些富于合作性的体育运动成为理想选择。而男性则往往对长跑、健美、各类球类等运动强度、负荷较大的运动项目较为青睐。

六、社区居民体育健身的理论知识储备

(一)对国家全民健身政策及健身知识的了解状况

调查发现,社区居民对《全民健身计划纲要》等国家相关法规政策和体育健身知识的了解程度差强人意,只有很小一部分的社区居民对此有很清楚的了解,而不清楚的则占到大部分。《全民健身计划纲要》颁布实施已经二十多年了,应该已经成为人尽皆知的政策了,但是实际情况则并非如此,这也一定程度上反映出了在全民健身方面的宣传普及力度还不够。

通过对社区居民对国民体质监测活动的了解程度的调查发现,发现很多社区居民对国民体质监测活动不了解,甚至从没听说过,而对国民体质监测的意义更是不理解,参与的积极性不高,从而造成测试对象难以组织的尴尬局面。

(二)体育健身理论学习情况

社区居民对基本的体育健身理论及相关学科的基础知识等的了解和掌握对于他们正确地参与到体育健身活动中也有着积极的指导意义。

调查发现,社区居民有近半数对体育健身理论知识的掌握情况一般,能够掌握和基本掌握的总数也占到半数。由此可知,居民掌握体育健身理论方面知识的掌握程度还比较低,并且大部分处于一知半解的程度。

在对基本健身理论的获取方式和途径的调查发现,大部分的社区居民选择了相互学习,排在首位;其次是通过辅导班学习,然后是自学。调查中发现,社区居民对相关体育健身理论知识的学习还是比较期待的。

七、社区居民体育健身的消费特点

体育健身消费是现代生活消费的一部分,是指人们在体育健身活动方面的个人劳务消费支出。在相关的调查中发现,消费在 100 元以下的社区居民占到 1/3 左右,500 元以上体育健身消费的社区居民也指占到不到十分之一,100～500 元体育健身消费的社区居民比重最大。由此可以看出,社区居民在体育健身方面的消费远远低于物质消费,也反映出了社区居民体育消费观念还有待于进一步提升。大部分社区居民仍然存在着体育是公共的、免费的,因此,在体育消费方面往往较为保守。这就需要对社区居民进行现代体育方面知识的普及和宣传,从而使他们能够充分了解体育健身,并且更新消费观念,树立科学健康的体育消费意识,从而有效促进社区体育的不断发展和完善。

八、社区居民体育健身的次数与方式

(一)参与体育健身次数状况

体育健身的次数是影响体育健身效果的一个重要因素。调查发现,有三分之一左右的社区居民是可以每周参加两次体育健身活动的,有 1/8 左右的社区居民能够做到每周参加三次体育健身活动,而每周参加五次的只有 1/14 左右。由此可以看出,社区居民对体育健身的认识不够,从而导致他们参与体育健身活动的次数较少,某种程度上,这与人们长时间形成的习惯以及工作时间有一定的关系。

(二)体育健身方式状况

社区居民的体育健身方式也是影响体育健身效果的因素之一。调查发现,当前社区居民进行体育健身采用的主要是自发组织的形式,占到 2/5 的比例,自己进行体育健身的占到 1/4,和家人一起健身的有五分之一,由此可见,社区居民体育健身的方式主要以自发为主,社区体育活动的开展缺乏广泛性,这就制约了社区居民娱乐和享受需求得到有效满足。

另外,对于不同性别的社区居民来说,他们在体育健身方式方面是存在一定差别的,具体来说,在传统类和韵律表现类的群体中,女性居多,竞技对抗类群体中男性居多。

第三节 社区体育健身机制的构建

一、构建社区体育健身机制的意义

当前,社区体育健身机制的构建具有重要意义,具体表现在两个方面。

一方面,能够使社区居民的日常活动得到进一步的丰富和充实,让居民在闲暇之余可以有更多的娱乐选择,同时,也能使近年来频发的"广场舞大妈扰民"问题得到有效解决。

另一方面,社区体育健身活动的丰富和多样性,能够使社区居民的体育健身需求都得到较好满足,由此便营造了一个良好的社区氛围,从而促使社区居民和睦相处,增进邻里的交流,改变以往"隔着铁门交流"的状态。

二、社区体育健身机制发展的制约因素

尽管社区体育健身机制具有百利而无一害的显著意义,但是,其发展和构建仍然受到一些因素的影响和制约,主要有以下几点。

(一)社区居民体育健身意识薄弱且健身方法不当

对于大部分的社区居民来说,他们对健身的认识还停留在传统意义上,认为散步、利用小型器械做一些简单的运动锻炼就是健身,可见他们在健身观念上缺乏科学性和系统性,健身意识薄弱,如此一来,不仅起不到锻炼身体的效果,还很可能会造成身体损伤,不利于身体健康,这对社

区体育健身机制的构建产生了一定的制约甚至阻碍作用。①

(二)社区体育健身的宣传力度不够

从总体上来看,国家对体育发展和全民健身的重视程度越来越高,并且也出台了相应的一些政策和制度来加以支持,但是,社区居民在这方面的了解和关注程度较低,这与国家在这方面的宣传和普及力度不够有着非常大的关系。

三、构建社区体育健身机制的路径

要构建科学、可行、完善的社区体育健身机制,可以采取的路径有以下几种。

(一)做好社区体育健身的宣传工作

正确的健身理念的形成,为社区体育长效发展提供了坚实的群众基础和发展动力。但是,当前社区居民的健身意识还较为薄弱,这就需要借助于各种宣传途径,比如,传统媒体和新媒体,分享社区体育丰富多彩的活动画面或视频,吸引大众的参与,形成全民健身的氛围。②除此之外,还可以将社区体育活动设计为全年龄覆盖型,针对青少年儿童举办一些相应的比赛活动。以此来将各年龄段的社区居民的兴趣和参与的积极性充分调动起来,这对于社区体育活力的增强是有着显著效果的。

再者,还要做好社区体育的宣传工作,比如,可以利用大众传媒的形式让居民了解,如借助于黄金档的新闻联播让居民对社区体育的概念有所了解和认识,并且可以利用广告的间隙让居民了解到健身的益处以及应该如何正确健身,让居民先有一个基础的理论知识,然后在这些理论知识的指导下参与到社区体育健身活动的实践中。

---

① 袁丹.构建社区体育健身发展的长效机制[J].读与写(教育教学刊),2019,16(11):59.
② 周惠娟,周山山.全民健身背景下社区体育长效发展机制研究[J].体育世界(学术版),2019(07):36+35.

（二）加大政府在社区体育方面的资金扶持

对于政府来说，要做到专款专用，在社区体育发展方面要加大相关的资金投入，从而达到有效扶持社区体育建设的目的。具体来说，首先，要增加社区建设的场地面积和数量，通过对社区居民年龄、需求、地域特点等进行分析，并以此为依据，来适当丰富和充实体育设施的样式和功能。

另外，在社区体育场地和设施方面，一定要做好监管和问责工作，并及时安排维修或者更换损坏的社区体育健身设施，有效保证社区居民运动健身的物质基础和安全性。

（三）推进社会体育资源共享，精准供给社区体育资源

建立社会资源整合机制。具体来说，就是要让政府为主导，地方和社区积极执行和推进，群众积极参与和联动，对各种现有的体育资源进行整合共享。

通过积极的鼓励政策，有效引导各大场馆做好其体育场地、设施和社区的资源共享，这样，不仅能使场馆闲置、资源浪费的情况得到有效避免，对于缓解社区体育场地的紧缺、设施单一陈旧、社区体育指导员不足的矛盾也是有着积极影响的。

（四）与高校体育教育实现合作共赢

高校体育专业学生的优势就在于其具备较为全面的体育理论和相关学科知识，不足之处则是实际教学经验的欠缺。而社区体育活动的开展，则刚好能为学生提供锻炼的机会，从而使高校学生在体育健身方面能够不断实践并积累相关的教学经验；社区居民不断获取体育健身方面的专业知识，并且在高校学生专业指导下进行正确的健身锻炼，这样一来，就能使社区居民与高校体育专业学生之间形成相互促进的和谐、密切关系。

作为高校的体育教师，可以为社区居民提供义务或合理收费的指导和培训。收取的费用用于社区体育场馆设施的维修和更新，或者其他社区体育的相关发展需求，这样，不仅盘活了闲置资源、减轻了国家和学校负担，还能够有效促进社区体育的发展。

除此之外,还可以针对社区居民,组织一些体育竞赛活动,比如拔河比赛,高校体育学生在组织活动过程中,也能对社区居民进行相关比赛活动规则的普及,这样一来,不仅能使社区居民的体育娱乐活动更加丰富多彩,还能让高校学生得到更多的实践机会,一举多得。

(五)引入市场机制,保证社区体育发展的资金供应

社区体育的蓬勃发展离不开政府投资,但是,仅仅依靠这一资金来源是远远不够的,因此,建立社区体育自身的造血功能至关重要。在具体的实施方面,可以通过不断的宣传,来将社会和企业的公益投资吸引过来,另外,社区宣传栏的广告招商、社区体育赛事的市场化运作等也都可以积极开展起来,从而使社区体育资金的多种融资体系逐渐建立起来,有效保证社区体育的可持续长效发展。

(六)引导居民加入社区体育俱乐部,规范管理自发性社团

当前,我国普遍存在着一些社区,尤其是新的社区,居民之间甚至是邻居之间多年彼此都不认识的现象。而社区体育俱乐部的建设,则能够借助体育这一媒介和俱乐部这一场所,来有效促进社区居民之间的沟通和感情,对构建和谐文明社区可以起到很好的促进作用。

社区体育俱乐部作为一种体育组织形式,其同时具备公益性和服务性的显著特点。社区体育俱乐部的设立,能够有效推动社区体育可持续发展的实现。[1]

与此同时,还要借助于各类媒体的宣传,让更多的居民对社区俱乐部的优势和丰富多样的服务有更加全面和细致的了解,并运用活动奖励、公益咨询等方式引导居民自由加入社区俱乐部。

(七)培养发展社区体育指导员,为居民体育健康提供专业指导

当前,我国绝大部分的社区中是没有社区体育指导员的,即使有,也通常是以兼职的形式存在的,因此,培养社区体育指导员是体现社区体

---

[1] 周惠娟,周山山.全民健身背景下社区体育长效发展机制研究[J].体育世界(学术版),2019(07):36+35.

育健身机制不可或缺的重要路径。

在我国的体育院校中,有社区指导员培养专业的非常少,专业指导员的缺乏对社区体育的发展产生了制约甚至是阻碍作用。再者就需要进一步加快体育院校社区体育指导员的专业培养,为现有指导员提供培训和交流,提高他们的体育知识、指导水平。

(八)做好社区体育志愿者培训与招募工作

社区体育志愿者在国家体育以及社区体育的发展中是一个非常亮点的存在,他们的出现是国家文明进步的体现。所谓的社区体育志愿者,就是不计报酬为社区体育提供公益性服务,让群众感受到更贴心更温暖的健身氛围,增加运动积极性和主动性的群体。

要做好社区体育志愿者的招募工作,通常的招募渠道主要有微信公众号、支付宝小程序等,采取信用积分等形式激励和吸引有公益精神的高素质志愿者的加入。一般的,社区体育志愿者的主要群体是青年学生,他们富有朝气,他们参与到社区体育的服务中来,往往能给社区体育带来活力、激情,这对社区青年人群的吸引力也是非常理想的。另外,由于青年学生本身的综合素养比较高,对他们进行培训更容易开展,取得的效果也更加理想。可以将参加志愿服务作为实践活动的一部分,用相应学分或奖惩制度激励和约束青年志愿者团队。社会上的志愿者招募可涵盖各年龄人群,培训方式灵活多样。

第四节 社区体育健身路径与方法指导

一、上肢牵引器

(一)上肢牵引器的基本构造

上肢牵引器的构造部件主要有立杆、挑杆、滑轮和牵引绳索等几方面(图 7-1)。

图 7-1

(二)上肢牵引器健身方法指导

健身方法:双手握住手柄,两手上下交替做屈伸运动。
负荷控制:每组 1~2 分钟,2~3 组,组间间隔 30~60 秒。
指导重点:重心置于两腿之间,两臂用力要成对抗性,并且保持均衡性,手臂在屈伸时要有所控制。

二、漫步机

(一)漫步机的基本构造

漫步机的构造部件主要有底座、斜型支撑、把杆、悬臂及踏板(图 7-2)。

(二)漫步机健身方法指导

健身方法:在双手的辅助下,双脚踩在踏板上,自然站立。双脚前、后交替用力迈步。
负荷控制:活动幅度可以逐渐增大。
指导重点:以髋关节为轴心进行顺其自然的协调运动。

图 7-2

三、健骑机

(一)健骑机的基本构造

健骑机构造部件主要有底座、座鞍、脚蹬及把手等(图 7-3)。

图 7-3

(二)健骑机健身方法指导

健身方法:双手正握把手,坐于器械上,双脚踏住脚蹬,挺胸立腰。双腿向下用力蹬伸的同时双臂用力将把手拉至腹前,然后腿、臂放松,使健骑机回到初始位置。

负荷控制:每组 20~25 次,2~3 组。

指导重点:握紧把手,有控制地使上下肢协调用力。

四、斜躺健身车

(一)斜躺健身车的基本构造

斜躺健身车的构造部件主要有座椅、转轮、脚蹬、把手、靠背等(图 7-4)。

图 7-4

(二)斜躺健身车健身方法指导

健身方法:坐靠于座板上,上体靠住背板,双手握住扶手,双脚踩踏板。然后进行骑自行车样的运动。
负荷控制:每组 2~3 分钟,1~2 组。
指导重点:腰腹发力,蹬伸运动要匀速。

五、双柱四位蹬力器

(一)双柱四位蹬力器的基本构造

双柱四位蹬力器的构造部件主要有座椅、把手、挡板等(图 7-5)。

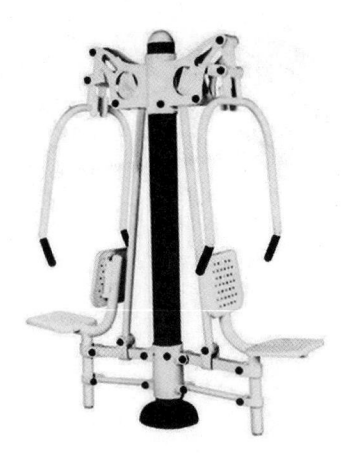

图 7-5

(二)双柱四位蹬力器健身方法指导

健身方法:坐于座板上,背部靠实,双腿弯曲,双脚蹬住踏板。双腿做大幅度、较慢节奏的蹬伸练习,两拍一次。

负荷控制:每组 30～60 次,1～2 组。

指导重点:下肢的屈伸动作要保证幅度大、节奏慢,双腿在伸直时可以有适当弯曲。

六、仰卧起坐器

(一)仰卧起坐器的基本构造

仰卧起坐器的构造部件主要有支架、挡管、腹肌架(图 7-6)。

(二)仰卧起坐器健身方法指导

健身方法:坐于器械上,双脚勾住挡管,躺在器械上进行仰卧起坐锻炼。

负荷控制:每组 10～15 个,2～3 组。

指导重点:腰腹发力,上体在抬起和躺下时要有所控制地进行。

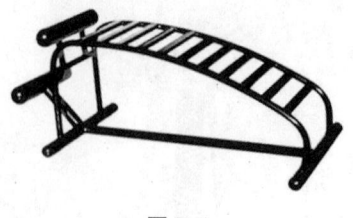

图 7-6

七、伸背器

(一)伸背器的基本构造

伸背器的构造部件主要有立柱、扶手环、圆柱形曲面等(图 7-7)。

图 7-7

(二)伸背器健身方法指导

健身方法:双手握住扶手管,躯干依托器械弧度向后充分伸展。
负荷控制:2~4 个 8 拍为 1 组,2~3 组。
指导重点:伸展时要使颈和腿处于放松状态。

八、转腰器

(一)转腰器的基本构造

转腰器的构造部件主要有底座、底盘、转盘、立柱和把手(图7-8)。

图 7-8

(二)转腰器健身方法指导

健身方法:双手扶住把手,站于转盘中央,保持均衡。上体不动,髋部和腰部用力,身体左右转动。

负荷控制:每组 2～3 分钟,2～3 组。

指导重点:全身只有在髋和腰的带动下进行身体转动,同时,要保证速度均匀且缓慢。

九、天梯

(一)天梯的基本构造

天梯的构造部件主要有立柱、支架、横杠等(图7-9)。

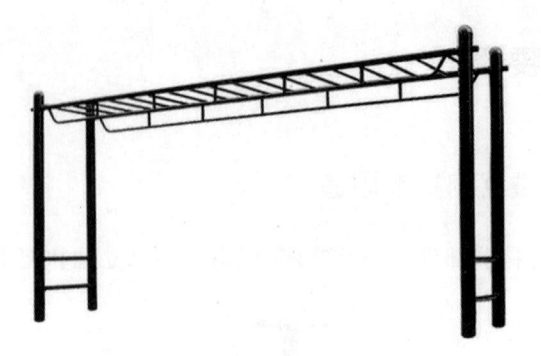

图 7-9

(二)天梯健身方法指导

健身方法:首先做好准备姿势(双手悬垂与天梯横杠上)。然后通过两腿屈膝、收腹,大腿抬起至水平以上位置,反复多次练习。

负荷控制:15~20 次为一组,1~2 组。

指导重点:注意要肩臂用力,提膝、收腹、抬腿要一气呵成,具有良好的连贯性。

十、单杠

(一)单杠的基本构造

单杠的构造部件主要有支架和把手(图 7-10)。

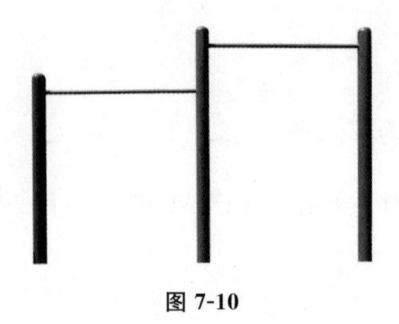

图 7-10

(二)单杠健身方法指导

健身方法:首先将身体悬垂于单杠上。然后腹肌用力,双腿缓慢抬起至水平位置,控制片刻,还原。

负荷控制:5~10个为一组,2~3组。

指导重点:发力部位为肩背和腰腹,抬腿时要尽量伸直脚背、膝盖。

十一、双杠

(一)双杠的基本构造

双杠的构造部件主要有四个支架和两个把手(图7-11)。

图 7-11

(二)双杠健身方法指导

健身方法:站在杠端的两杠之间,双手握杠,跳起成杠上支撑。两手交替向前支撑,带动身体句前移动。

负荷控制:2~3次往返行进。

指导重点:直臂支撑,顶肩、重心稍左右移动。

十二、划船器

(一)划船器的基本构造

划船器的构造部件主要有固定座垫、脚蹬、桨把,以及阻力构件等(图 7-12)。

图 7-12

(二)划船器健身方法指导

健身方法:坐于座板中部,手握扶手,脚踩踏板。手臂与双腿配合用力,做有控制的屈伸运动。

负荷控制:每组 1~2 分钟,2~3 组。

指导重点:手臂主动用力,屈伸幅度小、节奏较快。

十三、椭圆机

(一)椭圆机的基本构造

椭圆机也被称为滑雪器,其构造部件主要有支架、脚踏板和扶手(图 7-13)。

图 7-13

(二)椭圆机健身方法指导

健身方法:双手抓住手柄,双臂微屈,双脚踏在踏板上,身体保持稳定。上下肢配合做循环运动。

负荷控制:每组 1~2 分钟,2~3 组。

指导重点:身体要保持稳定状态,上下肢用力要配合协调。

第八章 社会不同群体的健康促进指导

运动是健康促进的重要途径,科学参与运动锻炼对提高身心健康水平具有重要意义。不同年龄、性别的人,不同社会阶层以及特殊群体都可以通过参与体育锻炼来获得与维持健康。但是因为不同群体的身心发展特征、规律等有差异,因此运动健身要因人而异,要从不同群体的实际情况出发来制定与实施运动处方,提高运动健身的科学性和实效性,最终取得良好的健康促进效果。本章主要对社会不同群体健康促进的运动路径展开研究,包括不同年龄群体、不同性别群体、不同社会阶层群体以及特殊群体的运动处方指导。

第一节 不同年龄群体的健康促进指导

一、青少年健康促进的运动处方指导

(一)青少年生理特征

青少年身体形态指标快速增长,而且身体长度和四肢先发育,身体围度和躯干后发育。青少年肌肉比较松软,收缩力量弱,关节周围的肌肉细长而薄弱。此外,青少年心脏收缩力量弱,肺活量小。

处于生长发育时期的青少年有一定的能力去学习运动技能。这一时期参与运动健身不但能够促进体质增强,促进身心发育及健康状况的改善,而且有助于对智力的开发。青少年保持良好的运动锻炼习惯,能

够为将来适应社会环境打下良好的基础。对青少年来说，运动锻炼是终身受益的健康促进路径。

(二)青少年运动方式

适合青少年参与的体育活动比较多，青少年掌握简单运动技能的能力比较强，只要选择适合自己身心发展水平的运动方式，并坚持不懈地锻炼，运动技能水平就能不断提高，体质也会不断增强。对青少年群体来说，选择的运动方式要尽可能有助于全面锻炼机体各器官与系统，要有助于整体提升身体机能水平。

适合青少年的运动方式如下。

1. 有氧运动

有氧运动是青少年每天都应该参与的锻炼项目，常见的有氧运动项目有健身走、爬山、骑车、轮滑、游泳等。青少年可从这些有氧运动项目中选择自己感兴趣的两三项去参与，从事这些有氧运动锻炼时，以中等强度为主。

除了每天进行中等强度的有氧运动锻炼外，每周还要穿插像足球、篮球、跳绳、健美操、跑步等之类的大强度有氧运动项目进行锻炼，大强度锻炼每周以 3 次为宜。跑步是最简单易行的有氧运动方式，青少年长期坚持跑步锻炼，能够促进身体机能与身体素质的全面发展与提升。

2. 肌肉力量练习

肌肉力量练习也是青少年的主要运动方式之一，这种运动方式对全面改善青少年身体机能具有重要作用。青少年科学进行肌肉力量锻炼，不但能够促进肌力的增强，还对骨骼发育和心血管系统功能的改善起到积极作用。

青少年进行肌肉力量练习，主要有徒手练习、器械练习和项目练习三种方式。

(1)徒手练习

徒手锻炼肌肉力量的方式主要有俯卧撑、仰卧起坐、引体向上等。

(2)器械练习

青少年进行器械类力量锻炼时，适宜选择简单的器材，如轻哑铃、跳绳、网球等，或者选择专门针对青少年设计的器材，如青少年拉力带等。像健身房中的重量级器械是不适合青少年儿童使用的，而且即使选择专用器材如拉力带进行练习，每次锻炼时间和一周锻炼频率也不宜过长、过多，一般一周一两次，每次 10 分钟左右为宜。

(3) 项目练习

有助于锻炼肌肉力量的项目有各种球类活动、健美操、登山等项目。

青少年要注意全面锻炼身体各部位肌肉力量，适宜负荷为 10～20RM，要根据自身情况对负荷强度进行调整，确定负荷强度后，在该强度下重复练习两三组再进行变换强度练习，每周以 3 次左右为宜。

3. 柔韧练习

青少年的肌肉组织有良好的弹性，所以采取柔韧练习的方式进行健身锻炼是比较适合的，青少年可以通过牵拉练习来锻炼柔韧性，也可以参与一些具体的项目进行锻炼。

(三) 青少年运动强度

青少年在运动锻炼中要根据自己的身体机能水平和运动习惯而选择适宜的强度，在锻炼过程中要通过主观感觉而进行自我监控，从而对运动强度进行控制与调整，使自己保持良好的运动状态，提高锻炼效果。青少年在参加有一定风险性的运动项目或参加重要比赛前，要先检查身体健康状况，并测试运动能力，从而提高锻炼或比赛的安全性。体质较差或运动基础差的青少年先以中小强度的锻炼为主，然后逐步向大强度项目过渡，要循序渐进，不能过早进行大强度锻炼。

青少年的身心发展特征决定了其在运动锻炼中既容易出现疲劳症状，又容易消除疲劳。如果经过大强度锻炼后出现非常明显的疲劳症状，就要降低强度，增加间歇，以消除疲劳，促进恢复，避免出现过度疲劳现象。

(四) 青少年运动时间

青少年应该每天坚持锻炼，每天锻炼时间至少 1 小时。为了更好地促进生长发育，维持健康，每天锻炼时间可延长至 2 小时左右，以控制体重为目的而进行运动锻炼的青少年,每天至少锻炼一个半小时,如果时间太短,则达不到理想的效果。

二、青壮年和中年人健康促进的运动处方指导

(一)青壮年和中年人生理特点

青壮年时期人体各器官组织的生长发育都已完成,身体素质处于较高水平。因此能进行较大负荷和较大运动量的锻炼。但进入中年后,身体机能有下降征兆,而且在各方面的压力下,中年人容易发生疾病,体力下降,精力减退,很多中年人开始发胖,运动时易产生疲劳且不易消除。

(二)青壮年和中年人健康促进的初期运动处方

在锻炼初期,以中小运动负荷为主,每次锻炼的时间要有所控制,当身体机能能够很好地适应负荷后,再慢慢加大负荷,逐步提高运动难度,提高锻炼效果。运动负荷的大小与运动时间、运动频率及运动强度有关,调整运动负荷时,按照运动时长→运动频率→运动强度的顺序逐步调整。

青壮年和中年人为期8周的初期锻炼方案见表8-1。

表8-1 青壮年和中年人初期锻炼方案(8周)①

运动方案	第1～2周	第3～4周	第5～6周	第7～8周
方案要点	运动方式轻松、自然	增加练习时间	继续增加练习时间; 增加有氧运动强度和运动频率	调整有氧运动方式; 继续增加运动时间和运动强度; 增加力量练习

---

① 徐勇灵,高雪峰. 科学运动与体质健康促进指导手册[M]. 广州:广东高等教育出版社,2016:125.

续表

运动方案	第1~2周	第3~4周	第5~6周	第7~8周
运动方式	有氧运动(健步走)；柔韧性练习(牵拉练习)	有氧运动；柔韧性练习	有氧运动；柔韧性练习	有氧运动(慢跑、远足、登山、游泳等)；柔韧练习；力量练习
运动强度	有氧运动：中等强度(55%最大负荷)；柔韧练习：适度	有氧运动：中等强度(55%最大负荷)；柔韧练习：轻度	有氧运动：中等强度(55%~60%最大负荷)；柔韧练习：轻度	有氧运动：中等强度(60%最大负荷)；柔韧练习：适度；力量练习：中等强度(60%~70%最大负荷)
运动时间	有氧运动：10~20分钟；牵拉练习：2~3分钟	有氧运动：20~35分钟；牵拉练习：3~5分钟	有氧运动：25~35分钟；牵拉练习：5~8分钟	有氧运动：30~40分钟；牵拉练习：5~10分钟；肌肉力量练习：4~6个部位的肌肉锻炼各完成一组
运动频率	3次/周	3次/周	3次/周	3~4次/周

(三)青壮年和中年人健康促进的中期运动处方

初期运动持续8周时间,经过这段时间的运动健身后,身体机能适应运动负荷的能力增强,也在一定程度上提高了身体机能水平、身体素质和运动能力。这时进入中期锻炼阶段,该阶段运动时间、强度会在之前的基础上持续增加。

青壮年和中年人为期8周的中期锻炼方案见表8-2。

表8-2 青壮年和中年人中期锻炼方案(8周)[①]

运动方案	第1～3周	第4～6周	第7～8周
方案要点	增加运动时间,每周有氧运动锻炼时间共2.5小时左右	每周一次大强度运动,及时消除疲劳	方案内容基本固定,为长期锻炼做准备
运动方式	有氧运动;柔韧性练习(牵拉练习);肌肉力量练习	有氧运动;柔韧性练习;肌肉力量练习	有氧运动;柔韧练习;力量练习
运动强度	有氧运动:中等强度(60%最大负荷);柔韧练习:适度;力量练习:中等强度(60%～70%最大负荷)	有氧运动:中等强度(60%～70%最大负荷);每周一次大强度(70%～75%最大负荷);柔韧练习:适度;力量练习:中等强度(60%～70%最大负荷),每组重复10次左右	有氧运动:中等强度(60%～70%最大负荷);每周1～2次大强度(75%最大负荷);柔韧练习:适度;力量练习:中等强度(60%～70%最大负荷),每组重复10次左右
运动时间	有氧运动:30～50分钟;牵拉练习:5～10分钟;肌肉力量练习:6种肌肉锻炼方法各完成2组	有氧运动:30～50分钟;牵拉练习:5～10分钟;肌肉力量练习:8种肌肉锻炼方法各完成2组	有氧运动:30～60分钟;牵拉练习:5～10分钟;肌肉力量练习:10种肌肉锻炼方法各完成2组
运动频率	3～4次/周	3～5次/周	3～5次/周

---

① 徐勇灵,高雪峰.科学运动与体质健康促进指导手册[M].广州:广东高等教育出版社,2016.

(四)青壮年和中年人健康促进的长期运动处方

经过 16 周的运动锻炼后,身体机能水平明显提高,而且规律的健身习惯也基本养成,这就需要制定稳定的适合长期参考的运动锻炼处方,长期运动处方如下。

1. 运动方式

(1)有氧运动(中等强度或大强度)

每周有氧运动的总时间为 5 小时左右,以中等强度为主,若穿插大强度有氧运动锻炼,则大强度锻炼总时间为 2 小时左右。

(2)柔韧练习

牵拉练习,每周至少 2 次。

(3)力量练习

锻炼各部位肌肉力量,每周 3 次左右。

2. 运动强度

(1)有氧运动

中等强度采用 60%～70%最大负荷,大强度采用 70%～80%最大负荷。

(2)柔韧练习

适度。

(3)力量练习

中等强度 60%～70%最大负荷,每组重复 10 次左右。

3. 运动时间

(1)有氧运动

30～60 分钟。

(2)柔韧牵拉练习

在每次运动结束后都要进行牵拉练习,每次 5～10 分钟。

(3)肌肉练习

8～10 种练习方式重复完成 3 组。

第八章　社会不同群体的健康促进指导

4. 运动频度

每周5次,包括大强度有氧运动(每周最多2次)。

三、老年人健康促进的运动处方指导

(一)老年人生理特点

老年人身体器官、组织明显衰退,机体适应能力减退,身体抵抗力严重下降,因此病发率上升,对老年人的健康造成极大威胁。此外,老年人的感官功能、运动能力的下降也很明显,反应迟钝,智力衰退,在运动锻炼中受限制因素多。

(二)老年人健康促进的初期运动处方

老年人要先做体检才能开启短期或长期的锻炼计划,体检要去专门的医疗机构,此外,专业人士还要组织测试老年人运动能力,从而提出更科学的运动方案。在锻炼初期,对运动强度、时间都要有所控制,逐步增加运动负荷,并按照运动时间→运动频率→运动强度的顺序来增加负荷。

老年人为期10周的初期锻炼方案见表8-3。

表8-3　老年人初期锻炼方案(10周)

运动方案	第1~2周	第3~4周	第5~7周	第8~10周
方案要点	安全和放松	增加运动时间	增加运动时间、运动强度和运动频率	调整有氧运动方式;增加力量练习;增加运动时间、运动强度
运动方式	有氧运动:散步、健步走;柔韧性练习;牵拉练习	有氧运动:散步、健步走;柔韧性练习;牵拉练习	有氧运动:散步、健步走;柔韧性练习;牵拉练习	有氧运动:远足、登山、慢跑、游泳等;柔韧性练习;力量练习

续表

运动方案	第1~2周	第3~4周	第5~7周	第8~10周
运动强度	有氧运动:中小强度(50%最大心率);柔韧性练习:轻度	有氧运动:中小强度(50%最大心率);柔韧性练习:轻度	有氧运动:中等强度(50%~55%最大心率);柔韧性练习:轻度	有氧运动:中等强度(55%~60%最大心率);柔韧性练习:适度力量练习:50%~60%最大负荷
运动时间	有氧运动:10~15分钟;柔韧练习:2~3分钟	有氧运动:20~25分钟;柔韧练习:3~5分钟	有氧运动:25~30分钟;柔韧练习:5~8分钟	有氧运动:30~40分钟;柔韧练习:5~10分钟;肌肉力量练习:5种练习各完成一次
运动频率	3次/周	3次/周	3~4次/周	3~4次/周

(三)老年人健康促进的中期运动处方

经过10周的运动锻炼后,人的身体各器官系统都基本适应了运动初期的运动负荷,身体机能和运动能力都有一定提高,此时可以进入中期运动健身方案,继续增加运动强度和运动时间。

老年人为期10周的中期锻炼方案见表8-4。

表8-4 老年人中期锻炼方案(10周)

运动方案	第1~3周	第4~6周	第7~10周
方案要点	每周有氧运动(中等强度)时间为2.5小时,增加平衡力练习	增加运动时间、运动强度	内容基本固定,为长期锻炼做准备

第八章 社会不同群体的健康促进指导

续表

运动方案	第1~3周	第4~6周	第7~10周
运动方式	有氧运动； 柔韧性练习； 平衡练习； 力量练习	有氧运动； 柔韧性练习； 平衡练习； 力量练习	有氧运动； 柔韧性练习； 平衡练习； 力量练习
运动强度	有氧运动:中等强度（60%~65%最大心率）； 柔韧性练习:适度； 平衡练习:2组； 力量练习:50%~60%最大负荷	有氧运动:中等强度（60%~65%最大心率）； 大强度（70%~75%最大心率） 柔韧性练习:适度； 平衡练习:2~3组； 力量练习:50%~60%最大负荷	有氧运动:中等强度（60%~70%最大心率）； 柔韧性练习:适度； 平衡练习:2~4组； 力量练习:50%~60%最大负荷
运动时间	有氧运动：30~45分钟； 柔韧练习：5~8分钟； 平衡练习：5分钟； 力量练习：8种练习各完成1组	有氧运动:30~50分钟； 柔韧练习:5~10分钟； 平衡练习:5~10分钟； 力量练习：8种练习各完成2组	有氧运动：30~50分钟； 柔韧练习：5~10分钟； 平衡练习：5~10分钟； 力量练习：10种练习各完成2组
运动频率	3~4次/周	3~4次/周	3~5次/周

(四)老年人健康促进的长期运动处方

经过初期锻炼和中期锻炼,身体机能水平基本稳定,而且适应运动负荷的能力增强,这时就需要制定适合长期参考的运动处方。但需要注意的是,在长期锻炼中,随着年龄的增加,运动负荷要适度减少,以保障老年人的安全。老年人长期锻炼的运动处方如下。

1. 运动方式

(1)有氧运动

每周有氧运动锻炼总时间为2.5~5小时。

(2)力量练习

每周进行2次。

(3)平衡能力练习

每周进行3次平衡锻炼。

(4)柔韧性练习

每周至少2次专门的柔韧锻炼,并在各种运动后进行牵拉练习。

2. 运动强度

有氧运动:中等强度(60%~70%最大心率)。

力量练习:50%~60%最大负荷。

平衡能力:中等强度。

牵拉练习:适度。

3. 运动时间

有氧运动:每次40分钟左右。

肌肉力量练习:8种练习方式各完成2组。

平衡练习:5~10分钟

柔韧练习:5~10分钟。

4. 运动频度

3~5次/周。

第二节　不同性别群体的健康促进指导

一、男性健康促进的运动处方指导

(一)男性生理特征

20岁左右的男性身体机能处于鼎盛时期,心律、肺活量、关节灵敏度、稳定性及弹力等各方面都达到最佳点。从运动医学角度讲,这个时期运动量不足比运动量偏高对身体更不利。

30岁左右的男性身体机能超越顶峰,如果忽视锻炼,就很容易造成体质下降。这一阶段的男性很多都有关节病的先兆,所以要多做伸展运动,使关节保持较高柔韧性,此外还要注意心血管系统锻炼。

男性在40岁以后,肌肉的可锻炼性下降25%,体力逐渐下降,肌肉逐年萎缩,身体开始"发福"。发福与肌肉总量的减少有关,肌肉少,脂肪的消耗就少,所以要注意肌肉锻炼和减脂。

(二)男性运动方式

不管男女,在日常锻炼中都要重视有氧运动锻炼,以促进心肺功能的提高与改善。体质健康的男性每周参与有氧运动锻炼的时间至少2.5小时。基本的锻炼时间得到保障后,每周大约能消耗2000千克的能量,但要注意一周的锻炼时间不能集中于一两天完成,短时间消耗过多能量容易损害健康,要尽量平均开来,如每周锻炼3次,每次50分钟左右,这样就能保证每周有150分钟的锻炼时间。另外,减肥群体一周锻炼时间要更长一些,否则达不到良好的减肥效果。

男性运动形式主要有以下两种。

1. 有氧运动

有氧运动项目多样,如游泳、慢跑、健步走、爬山、健身操、骑自行车、球类运动等。通过参与不同的有氧运动,可以达到增强心肺功能的效果。男性可以根据自身运动爱好,并结合场地条件等因素选择运动方式。

2. 抗阻练习

在不同的运动负荷条件下进行全身各部位的锻炼,可以达到不同的锻炼目的,如提高力量素质、增大肌肉体积或者减少多余脂肪,甚至可以利用小负荷进行有氧锻炼等。

(三)男性运动强度

男性生理条件和女性不同,男性在运动锻炼中选择的运动强度应该比女性大一些。但是不同年龄或不同体质基础的男性因为生理状况的差异,所以在运动强度的选择上也各不相同,例如,老年人与年轻人、健康者与非健康者等选择运动强度有差异,主要影响因素包括年龄、运动年限、运动目标、遗传因素以及自身身体状况等。

如果健身目标是提高心肺功能,维持健康,那么就必须通过有氧健身项目来实现目标。此时可以依据有氧健身的强度范围及年龄等因素确定运动强度。选择不同的运动强度,对应的间歇时间、重复次数也是不同的。

(四)男性运动注意事项

1. 运动着装合适

选择合适的运动服装和运动鞋可以防止运动损伤,所以不可忽视对运动着装的合理选择。运动健身时,最好能穿运动服和运动鞋,这样舒适轻便,利于完成动作。

2. 场地安全

在运动过程中存在多种危险因素,如路面不平则容易导致骨折、挫伤等外伤;运动场所狭小时,常发生碰伤事故;在硬路面上长期运动可引起下肢关节的慢性损伤;运动器材使用不当或器材本身有缺陷时也容易发生事故。为了防止运动损伤,保护安全,提高运动效果,应该选择安全的运动场所和合格的运动设施。

二、女性健康促进的运动处方指导

(一)女性生理特征

1. 中年女性生理特征

(1)骨骼、肌肉和体型

女性进入中年后,人体多种机能开始减退,如骨骼密度降低,背部和下肢各部肌肉强度减弱,关节不舒服,易发生骨折和颈椎病等。骨质流失带来的问题主要体现为骨质疏松,女性在绝经期由于失去了雌性激素的保护,骨内矿物质的流失也开始加快。

(2)心血管功能

人体心血管机能在中年时期渐渐减退,心输出量不断减少,血压升高,容易出现高血压病、体位性低血压等。

(3)呼吸功能

随年龄的增长,肺泡口径扩大,肺血管数目减少,不利于气体交换。加之肺泡间质纤维量增加,肺的可扩张能力下降,肺活量减小,最大通气量减小,导致呼吸功能下降。

(4)消化和代谢

进入中年以后,消化和代谢率明显下降。由于代谢能力下降,胰岛素分泌减少,糖尿病发病率升高。

(5)生殖系统

女性在45岁以后,卵巢萎缩、月经失调,出现妇女更年期症状。一般为时2年,症状自然消失。此后,月经完全停止,不再排卵,生育能力丧失。

2. 老年女性生理特征

老年女性全身各器官功能普遍下降,整个机体发生退行性变化。雌激素分泌减少,脂肪代谢障碍导致皮肤脂肪减少或过多,老年女性由于分解代谢增加,钙质补充不足,容易发生骨质疏松或骨质软化症。

(二)女性运动方式

选择运动项目与个人兴趣有密切关系,女性要从自身身体条件和兴趣爱好出发选择有益健康的运动项目。

1. 促进骨骼健康的运动

骨质疏松是危及中老年女性健康的常见疾病,所以要及早加强骨骼健康防护,在 35 岁以前锻炼出强壮的骨骼,减少骨质流失,预防骨质疏松。女性可通过负重的力量练习而维持骨骼健康。

2. 促进心肺功能健康的运动

促进女性心肺功能健康的运动方式如下。
(1)健步走

研究指出,一周健步走 7 小时以上,乳腺癌、心脏病、糖尿病的患病率分别可以降低 20%、30% 和 50%。每天散步 2.4 千米以上,心脏病发作率降低 50%。

(2)慢跑

慢跑是最简单易行的有氧健身项目,跑步从生理学上是一项全面的运动,是安全的能够最大限度增强心肺功能的运动。在健身跑时,需根据自身基本状况把握运动强度,运用自我感觉法、心率判断强度大小。一般建议每分钟不低于 160 次。

(3)健身操

各种类型的健身操受到年轻女性的青睐,健身操具有健身、减肥、增强心肺功能等价值,而且这类项目变化多样,音乐富有激情,因此能弥补有氧运动的枯燥感。

(4)游泳

游泳运动深受女性欢迎,这项运动能牵动全身肌肉,使肌肉锻炼更全面,不同的泳姿带来充分乐趣,增加了锻炼的趣味性。

3. 修身养性项目

老年女性可以选择下列修身养性的锻炼项目。

(1)太极拳

练习太极拳对治疗心脏病、心血管疾病、关节炎和其他慢性疾病及提升心肺功能、促进骨骼生长、强化骨骼、缓解颈背疼痛等都有显著功效。

(2)柔力球

柔力球是既可以两人对练也可以集体参与的一项修身养性项目,老年女性参与这项运动可以促进交流,同时也能改善身体协调能力和平衡性。

(三)女性运动强度

运动强度的选择与年龄、健康状况、运动目标和运动基础能力等因素有关。女性参与的项目多为有氧锻炼项目,如各种健身操或健身舞蹈,这些有氧健身项目具有良好的健身塑形效果。不同年龄的女性在运动项目与强度的选择上要体现出差异性。年轻女性群体参与有氧运动项目,需要将靶心率控制在160次以下。老年女性群体在参与健身运动时一般要求强度不宜过大,要经常锻炼,循序渐进,持之以恒,宁可运动量不够,也不能盲目增加运动量,否则会带来运动损伤或造成运动疾病,危害身体健康,甚至造成生命危险。①

(四)女性运动注意事项

(1)选择宽松、弹性好、有良好的散热性的运动服装,避免汗水浸湿的衣服长久接触皮肤,影响皮肤正常代谢。

(2)运动前先卸妆,如果脸部残留化妆品污垢,会造成毛孔阻塞。运动后半小时内不要上妆。

(3)户外运动时做好防晒措施,避免头发遭受阳光及盐分侵蚀,运动后洗净头发。

(4)运动后沐浴时选择清爽浴液,洗去皮肤污垢,促进血液循环,调节皮脂腺与汗腺功能,使毛孔畅通,皮肤光滑,预防皮肤老化。

(5)夏天运动大量消耗体能,容易造成身体脱水、脱盐,所以应准备清凉消暑或低糖含盐饮料,适量补水。

---

① 肖夕君.科学运动与健康[M].长沙:湖南文艺出版社,2006.

(6)循序渐进逐渐增加运动量,若有不适感,暂停运动,及时处理,等恢复正常后再继续运动。

(7)水中运动要注意场地卫生,并做好安全防护。

(8)女性有特定的生理周期,月经期间运动量不宜过大。

第三节 特殊群体的健康促进指导

一、肥胖群体健康促进的运动处方指导

(一)肥胖对健康的危害

肥胖者在现代社会是很常见的一类群体,而且肥胖者数量庞大,也有不断增加的趋势。现代人日常生活中坐姿占据大部分时间,如坐在电脑前工作,一坐就是一天,吃饭后也不活动,身体热量消耗极少,而摄入的能量又比较大,能量进出不平衡,导致脂肪在体内存储,日复一日,身材很容易"发福",出现肥胖症状。

肥胖能够给人体带来比较大的危害,如出现最常见的脂肪肝,导致血脂不正常,使脑血管疾病的发病率增加,增加高血压、糖尿病的风险,使心脏承受较大负荷,增加心脏病的发病率。

肥胖群体参与运动锻炼,主要是为了减脂,运动是减脂的最好方式,通过科学的长期的锻炼,不仅能减去脂肪,保持良好体型,还能促进新陈代谢,使血压、血脂下降,并能有效减轻心脏负荷,缓解心脏压力和精神压力,促进全面健康。

(二)有氧运动与减肥

肥胖者参与有氧运动锻炼,要注意控制好运动强度,以每分钟心率130次左右为宜,一次运动时间持续1小时左右,运动频率以3~5次/周为宜。肥胖者适合选择的有氧运动项目主要有健身走跑、竞走、骑自行车、健身操舞、球类运动、毽绳运动、太极拳等。根据身体情况及兴趣

爱好选择两三项参加,可以使皮下脂肪数量和脂肪体积减少、缩小,增加基础代谢,促进脂肪与能量消耗,从而达到良好的减肥塑形效果。肥胖者必须坚持不懈地进行长期运动锻炼,如果三分钟热度,那么减肥效果会大打折扣,而且有体重反弹的可能。

肥胖者参与有氧运动锻炼,需要注意以下几个要点。

1. 循序渐进

循序渐进主要表现在对运动内容、运动强度、运动时间、运动量的调整上,要慢慢增加运动的内容、强度、时间和练习量。从低负荷运动、中等负荷运动到大负荷运动的变化要做好过渡与衔接,不可突然从低负荷进入大负荷,否则会引起运动损伤。

2. 因人而异

肥胖者在运动锻炼中,要根据自己的健康状况而选择运动方式和运动强度,如果身体健康,那么运动强度以小于且接近"靶心率"为主。如果强度过小,在有氧锻炼中是达不到理想减肥效果的。

如果肥胖者除了肥胖症,还伴有高血压、冠心病、糖尿病等疾病中的任何一种,那么都不适合进行大强度运动,主要选择舒缓的项目进行锻炼,如健身走、太极拳、柔力球等。

3. 时间足够

肥胖者在以减肥为目的的有氧运动锻炼中,如果自己身体健康,那么每次锻炼要持续 40 分钟左右,也可以适当延长至 1.5 小时左右。具体时间根据自己的实际情况而调整,但是不能少于半小时。而且每周要达到一定的运动量,尽可能确保隔天锻炼一次,如果一周只有一两天锻炼,那么减肥效果也不理想。

4. 做好热身准备和放松活动

完整的运动锻炼除了正式的练习外,还包括热身活动和放松整理活动。热身活动主要是活动关节、拉伸韧带,参与运动的主要部位是重点活动部位,以提高机体适应运动负荷的能力,加快机体尽快进入运动状态的速度。

每次锻炼结束后,都要做牵拉性的柔韧练习,以放松筋骨,同时也要做一些低强度的放松练习,如步行、健身跑等,在放松练习时注意调整好呼吸,充分放松身心,促进身体机能快速恢复,有效消除身心疲劳,进入正常生活状态。

(三)肥胖群体运动注意事项

1. 注重医学检查

肥胖者要启动运动减肥计划之前要先做医学体检,检查身体健康状况,了解除了肥胖外是否有并发症,如高血压、糖尿病、冠心病等,如果没有,可以和正常健康者一样进行锻炼,如果有并发症,要注意适量运动,最好在专业人士的指导下进行锻炼,做好医务监督,保障安全。

2. 控制饮食

运动过程中消耗能量,消化功能不断改善,增加食欲,如果运动后不加节制地大吃大喝,那么运动的效果会受到影响,很难达到理想的减肥效果。运动减肥与饮食控制要结合起来,这样减肥效果更好。控制饮食不等于过度节食,而是要选择健康的食物,对脂肪类食物和碳水化合物的补充要加以控制,营养要均衡,要以健康为主。

二、瘦弱群体健康促进的运动处方指导

(一)体质瘦弱对健康的危害

身体瘦弱是与肥胖相反的一种身体形态,肥胖对人体健康有危害,瘦弱体型同样不利于人体健康。如果人体脂肪比例太低,会影响身体机能水平,制约神经系统、消化系统、心血管系统等功能的发挥,而且身体抵抗力差,容易受到病菌侵袭,引发疾病,危害健康。

现代社会很多女性群体尤其是年轻女性认为瘦即为美,所以盲目节食控制体重,造成营养不良,也容易生病。过度节食是不科学的减肥方式,太瘦的身材也毫无美感可言,所以要通过运动的方式来增加身体肌肉,改善瘦弱体型,塑造健康体型。

(二)运动增肌原则

在运动锻炼中,对身体各机能系统予以刺激,再加上科学的膳食营养,不断提高身体机能适应能力,增加肌肉比例和改善肌肉质量,从而为人体运动提供更好的动力源,以达到良好的增加体重和改善体型的效果。通过运动来增加肌肉比例的锻炼原则如下。

1. 速战速决

通过运动锻炼增加肌肉比例时,不能对肌肉造成过度的消耗,而要对其予以合理的刺激,在刺激肌肉时要节约体力,减少消耗量,所以在肌肉锻炼中讲求速战速决。

2. 费力省功

在肌肉力量锻炼中以器械练习为主,选择中等重量和大重量的器械,练习次数从少次数要中等次数逐渐增加,从而对肌肉造成有效刺激,同时节约能量消耗,对肌肉组织生长起到良好的促进作用。

3. 配合饮食

运动是增肌的良好方式,同时要配合合理饮食来增加肌肉比例,运动与饮食相结合,能够达到更好的增加效果。增肌者在饮食方面要注意以下两个要点。

(1)补充足够的蛋白质,为身体生长提供良好的能量源泉,保证这类营养素的供应,以修补身体缺陷。

(2)通过饮食补充能量,而且一天中消耗的能量要比摄入的能量小,确保体内有充足的能量来促进身体生长。身体离开了能量与热量是无法顺利生长的。需要注意的是,补充能量主要是为了增加瘦体重,所以要控制对脂肪的摄入,不能通过大量补充脂肪类食物来补充热量。

(三)运动增肌方法

下面介绍几种肌肉锻炼方法。

1. 站姿前平举

如图8-1所示,两脚开立,双手正握杠铃,手臂向下伸直,吸气。直臂举起杠铃,手臂与肩在同一水平线上,稍停片刻,呼气,挺胸收腹,慢慢放下杠铃还原。反复练习。

(a)　　　　(b)

图 8-1　站姿前平举①

2. 颈后臂屈伸

如图 8-2 所示,坐姿或站姿,上身挺直,胸微挺,两手握杠铃置于颈后。上臂固定,收缩肱三头肌,吸气,前臂发力举起杠铃,保持片刻,屈臂还原。重复练习。

(a)　　　　(b)

图 8-2　颈后臂屈伸②

---

① 张先松.健身健美运动[M].武汉:华中科技大学出版社,2009:125.
② 同上。

3. 站姿直腿向各个方向举

两脚并立,身体挺直,吸气,两腿交替用力向前、后、外侧、内侧等方向举起,稍停,呼气,腿下落还原。反复练习(图 8-3)。

图 8-3　站姿直腿向各个方向举[1]

4. 练习架提踵

如图 8-4 所示,斜靠在练习架上,两脚平行开立,肩部顶住阻力臂,吸气,用力向上跷脚,稍停,呼气,脚放下还原,重复 20 次左右。

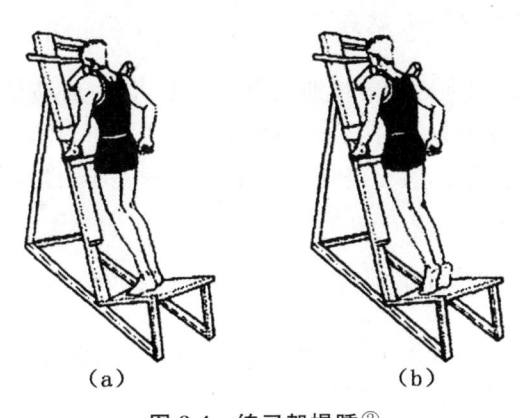

(a)　　　　(b)

图 8-4　练习架提踵[2]

---

[1] 张先松. 健身健美运动[M]. 武汉:华中科技大学出版社,2009:125.
[2] 同上。

5. 俯立颈屈伸

如图 8-5 所示,头戴"练颈帽",下垂绳上挂好重物,两脚开立,上体弯腰前俯,双手分别放在两侧膝关节处,挺胸收腹,腰部肌肉收紧,吸气,抬头,稍停,呼气,慢慢低头还原。反复练习。

图 8-5 俯立颈屈伸①

(四)瘦弱群体运动注意事项

瘦弱群体参加运动锻炼,要注意以下几点。

1. 运动量不是越大越好

瘦弱群体认识到运动对增肌的重要性后,认为运动量越大,一次练得越多,增肌效果越好,其实这是不科学的。因为盲目增加运动量,会造成体内能量大量消耗,甚至消耗大于补充,这样是不会增长体重的,而且体重可能还会下降。

2. 科学补充蛋白质

从饮食上来说,补充蛋白质和热量是提高瘦体重的主要方法。但是要合理补充,否则会增加器官负担,对体内环境造成破坏,引起疾病。一般来说,增肌群体补充蛋白质的原则是每天每千克体重补充 1.2~2.5 克。

---

① 张先松. 健身健美运动[M]. 武汉:华中科技大学出版社,2009:127.

参考文献

[1]郭庆红,徐铁.健身运动指导全书[M].北京:农村读物出版社,2012.

[2]徐勇灵,高雪峰.科学运动与体制健康促进指导手册[M].广州:广东高等教育出版社,2016.

[3]刘巍,黄元龙,王大贵.体育健康教育[M].哈尔滨:哈尔滨地图出版社,2009.

[4]肖夕君.科学运动与健康[M].长沙:湖南文艺出版社,2006.

[5]张丽蓉,刘洪伟,王永祥.体育教学的价值回归探索[M].北京:中国纺织出版社,2017.

[6]郭朕,刘君玲.现代社区体育文化建筑与锻炼指导[M].长春:吉林大学出版社,2017.

[7]邱军.运动损伤的预防与康复[M].北京:人民体育出版社,2006.

[8]顾登妹,殷勤.运动健康促进与常见病管理[M].上海:上海教育出版社,2012.

[9]姚鸿恩.体育保健学[M].北京:高等教育出版社,2006.

[10]武海燕,代虹.中小学现代教育理念[M].哈尔滨:黑龙江人民出版社,2006.

[11]黄丽秋.终身体育思想的形成及教学引领研究[D].长沙:湖南师范大学,2014.

[12]朱兴中.新课标下对湖南省普通高级中学如何贯彻"健康第一"指导思想的研究[D].长沙:湖南师范大学,2008.

[13]崔国梅.潍坊市社区体育健身现状及发展对策研究[D].济南:山东体育学院,2014.

[14]葛新.北京高校青年教师身体健康状况与体育锻炼的研究

[D].北京:北京体育大学,2006.

[15]晁嘉文.浅析我国高校体育教育发展状况[J].新西部(理论版),2013(07):124+129.

[16]朱同超,方涛,郝世煜.浅析中学体育教育发展现状[J].当代体育科技,2016,6(05):93-94.

[17]沈浙.以发展学生身体健康素质为培养目标的体育教学模式的研究与实践[J].运动,2014(06):35-36+115.

[18]吕伯文.校园体育教育对学生心理健康的影响研究[J].文化创新比较研究,2020,4(20):31-33.

[19]张新华.试论运动康复训练原则体系[J].齐齐哈尔大学学报(哲学社会科学版),2009(06):172-173.

[20]王月芝,魏晓峰.加强体育素质教育提高大学生身体健康水平[J].东北农业大学学报(社会科学版),2009,7(06):19-20.

[21]钟蕾.浅谈在体育教学中探索心理健康教育的途径[J].才智,2020(19):107-108.

[22]王忠荣.简析体育教学中初中生体质健康水平的提升[J].青少年体育,2020(07):39-40.

[23]郭连心,孙梦婕.体育锻炼促进大学生心理健康发展路径探究[J].黑龙江科学,2021,12(01):148-149.

[24]彭龙.浅论体育教学对学生创新意识及社会适应力的培养[J].才智,2016(17):54.

[25]覃豪令.大学体育对大学生社会适应能力的培养[J].当代体育科技,2015,5(11):113-114.

[26]康日奇.山西省大同市社区居民体育健身现状的调查与分析[J].山西大同大学学报(自然科学版),2012,28(03):87-89+96.

[27]周惠娟,周山山.全民健身背景下社区体育长效发展机制研究[J].体育世界(学术版),2019(07):36+35.

[28]袁丹.构建社区体育健身发展的长效机制[J].读与写(教育教学刊),2019,16(11):59.

[29]徐佃伟.浅谈幼儿体育活动中创造思维的培养[J].中国教育研究论丛,2007(00):844-846.